依據國教院最新「國民小學科技教育及資訊教育課程發展參考說明」

課別	課程名稱	統整課程	學習重點 -
一	Inkscape 電腦繪圖世界	藝術 英語	資議 t-III-1 運用常見的資訊系統。 資議 t-III-2 運用資訊科技解決生活中的問題。 資議 a-III-1 理解資訊科技於日常生活之重要性。 藝 1-III-2 能使用視覺元素和構成要素，探索創作歷程。 英 6-III-6 在生活中接觸英語時，樂於探究意涵並嘗試使用。
二	小企鵝起步走	藝術 數學	資議 t-III-3 運用運算思維解決問題。 藝 1-III-6 能學習設計思考，進行創意發想和實作。 數 s-III-6 認識線對稱的意義與其推論。
三	魔術師舞台秀	藝術 數學	資議 t-III-3 運用運算思維解決問題。 藝 1-III-6 能學習設計思考，進行創意發想和實作。 數 n-III-9 理解比例關係的意義，並能據以觀察、表述、計算與解題，如比率、比例尺、速度、基準量等。
四	酷炫動物徽章	藝術 綜合活動	資議 t-III-2 運用資訊科技解決生活中的問題。 資議 t-III-3 運用運算思維解決問題。 藝 1-III-6 能學習設計思考，進行創意發想和實作。 綜 2d-III-1 運用美感與創意，解決生活問題，豐富生活內涵。
五	獨一無二的生日卡	藝術 綜合活動	資議 t-III-2 運用資訊科技解決生活中的問題。 資議 a-III-4 展現學習資訊科技的正向態度。 藝 1-III-2 能使用視覺元素和構成要素，探索創作歷程。 綜 2d-III-1 運用美感與創意，解決生活問題，豐富生活內涵。
六	搶救冰原危機	藝術 國語	資議 t-III-2 運用資訊科技解決生活中的問題。 藝 3-III-5 能透過藝術創作或展演覺察議題，表現人文關懷。 國 6-III-3 掌握寫作步驟，寫出表達清楚、段落分明、符合主題的作品。
七	高鐵蛇梯棋桌遊	藝術 社會	資議 t-III-2 運用資訊科技解決生活中的問題。 資議 t-III-3 運用運算思維解決問題。 藝 1-III-6 能學習設計思考，進行創意發想和實作。 社 2a-III-1 關注社會、自然、人文環境生活方式的互動關係。
八	Canva 作品大集合	藝術 綜合活動	資議 p-III-2 使用數位資源的整理方法。 資議 p-III-3 運用資訊科技分享學習資源與心得。 藝 1-III-2 能使用視覺元素和構成要素，探索創作歷程。 綜 2d-III-2 體察、分享並欣賞生活中美感創意的多樣性表現。

本教材學習資源

從備課、課堂到課後，不論是範例、素材圖庫，還是教學影片、電子書，甚至是測驗評量、學生作品整理，『校園文化』都替您準備好了！

HTML5 電子書

內建畫筆工具，方便用於螢幕廣播教學時標註重點等用途。

本課範例

成果觀摩：可預覽成品畫面或效果。
範例下載：可下載本課範例練習素材。

Inkscape 向量繪圖

1、進入Inkscape電腦繪圖世界 2

- ◆ 了解向量圖與點陣圖的
- ◆ 知道用Inkscape可以f
- ◆ 學會使用筆刷手繪塗り
- ◆ 練習填色與完稿

課程資源 (觀念動畫、遊戲、測驗、相關連結等)

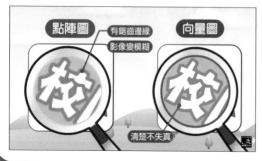

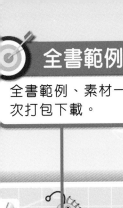

全書範例

全書範例、素材一次打包下載。

專屬網站

光碟版,可自訂學校或教師名稱。

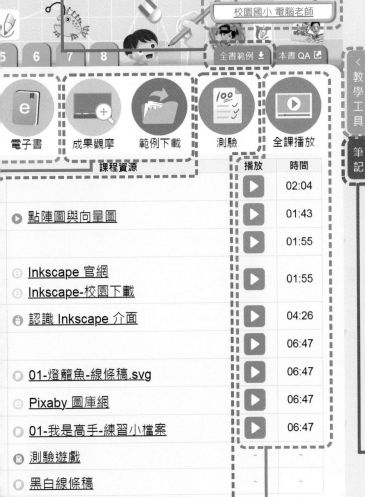

校園國小 電腦老師

全書範例 ⬇ 　本書 QA 🔗

電子書　成果觀摩　範例下載　測驗　全課播放

課程資源　　　　　播放　時間

	播放	時間
	▶	02:04
點陣圖與向量圖	▶	01:43
	▶	01:55
Inkscape 官網		
Inkscape-校園下載	▶	01:55
認識 Inkscape 介面	▶	04:26
	▶	06:47
01-燈籠魚-線條稿.svg	▶	06:47
Pixaby 圖庫網	▶	06:47
01-我是高手-練習小檔案	▶	06:47
測驗遊戲		--
黑白線條稿		--

教學工具 (可收合)

> 教學工具

倒數計時

1 分 30 秒

開始　結束

隨機抽號

3 ～ 10　🎲抽號

例如：3-5,15,17

跳過號碼：2,3,4,5

教學鍵盤

常見問題 Q&A　　🔗另開視窗

倒數計時:輔助提醒學生遊戲、測驗...等活動時間。
隨機抽號:電腦選號,可排除號碼。
教學鍵盤:方便標示按鍵或組合鍵的位置。

筆記 (可收合)

> 筆記

教學筆記 ?

*筆記僅能在相同瀏覽器中存取。
*現在是離線版,請看幫助說明。

新增　清除

○ 405班,第2課,第34頁
○ 401班,第1課,第16頁

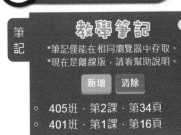

老師可自由筆記、上課進度備忘或教學重點。
免註冊登入,資料只存在自己電腦瀏覽器中,不與他人共用。
電腦還原時,會清空筆記資料。

教學影片

專業清楚講解、操作課程實作內容。

可整段自動播放、可選小章節播放,方便教學與複習。

目 錄

1 Inkscape 電腦繪圖世界

藝術　英語

- 認識 Inkscape 與填色練習

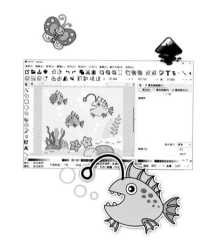

2 小企鵝起步走

藝術　數學

- 用幾何圖形來畫圖

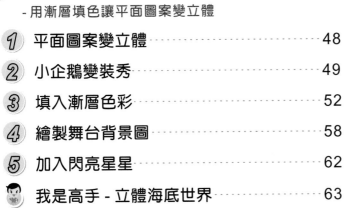

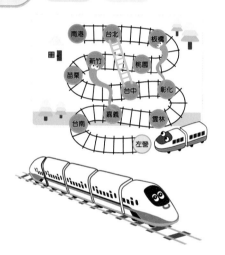

1 Inkscape 電腦繪圖世界

- 認識 Inkscape 與填色練習

統整課程

藝術　英語

核心概念

◎ 能繪製簡單草圖以呈現設計構想
◎ 能認識與使用資訊科技以表達想法
◎ 了解並欣賞科技在藝術創作上的應用

課程重點

◎ 了解向量圖與點陣圖的不同
◎ 知道用 Inkscape 可以做什麼
◎ 學會使用筆刷手繪塗鴉
◎ 練習填色與完稿

1 為什麼要學 Inkscape

【Inkscape】是一套免費的繪圖軟體，可以用來畫圖(向量繪圖)、影像處理，超棒超好用！

向量繪圖

影像處理

什麼是 **向量**？

2 向量圖和點陣圖的不同

電腦中的圖片有【向量圖】與【點陣圖】兩種。它們主要的差異是：

向量圖	點陣圖

	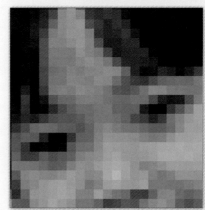
放大檢視細節，依然清晰銳利。例如：用向量軟體繪製的圖	放大檢視細節，會出現鋸齒狀粗顆粒。例如：拍攝的相片
● 檔案小 (方程式幾何圖)	● 檔案大 (像素)
● 常見的檔案格式： SVG、EPS、AI、CDR...	● 常見的檔案格式： PNG、JPG、GIF...
● 常見軟體： Inkscape、Illustrator、CorelDRAW	● 常見軟體： GIMP、Photoshop、PhotoImpact

向量圖可以無限縮放，不會有馬賽克，點陣圖放大會有馬賽克。

用 Inkscape 可以做什麼

用 Inkscape 可以畫卡通、做趣味桌遊、個人徽章、卡片、海報、GIF 動畫用的圖像...，還可以用它來做影像合成喔！

畫卡通圖案

創作趣味插圖

製作桌遊

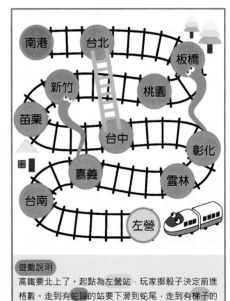

遊戲說明

高鐵要北上了。起點為左營站，玩家擲骰子決定前進格數。走到有蛇頭的站要下滑到蛇尾，走到有梯子的站，可以直達對應車站，最快抵達終點南港站就贏了

製作個人標章

個人公仔

個人徽章

AI 生成自畫像

生日卡

製作海報、廣告...

彩繪火車

製作 GIF 動畫用圖像

真是太厲害了，一定要學會！

懂 更 多 下載與安裝 Inkscape

❶ 啟動瀏覽器，開啟 Inkscape 官網
(https://inkscape.org)

❷ 按【DOWNLOAD】(下載)，點選
【Current Stable Version】
(目前穩定版本)

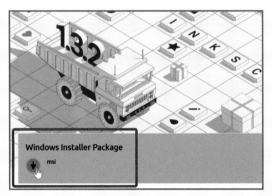

❸ 在頁面下方找到並點選
【Windows Installer Package】

❹ 在右上角可看到下載進度

❺ 下載完成後，按【開啟檔案】
開始安裝

❻ 按【Next】(下一步)

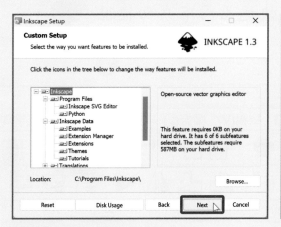

⑦ 按【Next】(下一步)

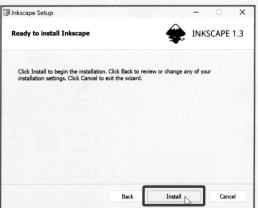

⑧ 按【Install】(安裝)

⑨ 按【是】

⑩ 按【Finish】(完成)，就會安裝到電腦裡囉！

在步驟❷後，按【All platforms】(所有平台)，就可看到適用不同系統的安裝程式。

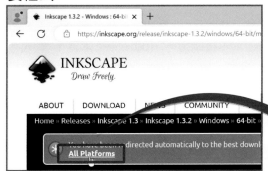

④ 認識 Inkscape 操作介面

按 ，點選【🏔 Inkscape】或快速點兩下桌面捷徑 ，
啟動軟體。

1 標題列

顯示檔名

2 功能表

所有功能和選單都在此

3 命令列

常用的功能按鈕，例如
新增、開啟、儲存、匯
入、匯出...等

(命令列若位於右側，可
按【檢視】，取消勾選
【寬螢幕佈局】，移到
上方)

4 工具控制列

工具的屬性設定。不同
的工具，會顯示不同的
按鈕

5 工具箱

所有繪圖的工具。可經由偏好設定來更改顯示大小 (在 P16 會教喔！)
(放大顯示時，在工具箱上向下捲動滑鼠滾輪，可看到隱藏在下方的按鈕)

這裡所呈現的是
放大工具按鈕後的介面。
後面會教大家如何
放大喔！

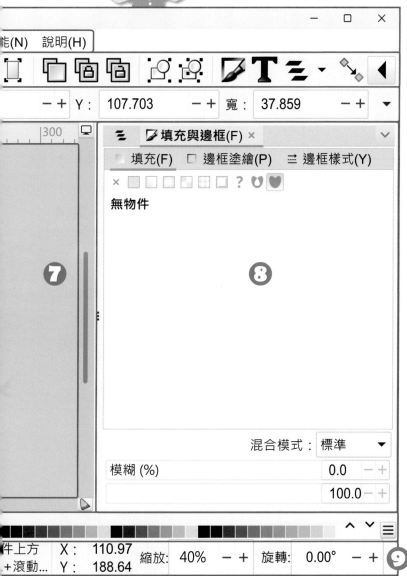

6 調色盤

依色階排列，點選色票
可填色。按右方 ︿ ﹀ 可
瀏覽所有色票

7 編輯區

繪圖與編輯圖案的工作
區。可將它視為【畫布】

8 工作窗格

對應選擇的工具，顯示
該工具的細部選項

例如按 🖌 開啟【填充
與邊框】窗格

啟動 Inkscape 時，可
由快速設定視窗，設
定外觀圖示，與開啟
/ 關閉暗色主題。

※ 本書以【傳統 Inkscape】
　來做示範練習。

9 狀態列

顯示目前填色狀態、圖層狀態、使用
工具提示、游標位置，與縮放、旋轉

搶先玩 - 大家來塗鴉

來熟悉一下 Inkscape，用簡單的手繪筆刷來塗鴉吧！先設定視窗介面，讓圖示更容易清楚辨識，繪圖時才會更有效率喔！

◎ 變更偏好設定

❶ 按命令列上的 ✂ 【偏好設定】

(或按【編輯 / 偏好設定】)

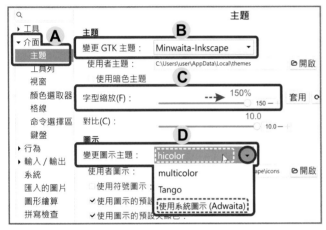

❷ 變更主題

A 點開【介面】選項(▶ → ▼)，點選【主題】

B 變更 GTK 主題：選擇【Minwaita-Inkscape】

C 字型縮放：【150%】

D 變更圖示主題：按 ▼ 點選【使用系統圖示】

再按一次 ▼ ，點選【hicolor】(彩色)

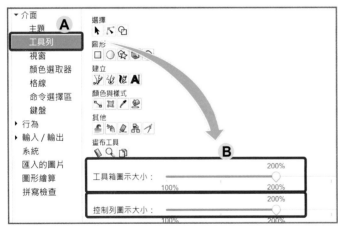

❸ 放大工具按鈕

A 按【工具列】

B 工具箱圖示大小點選【200%】

控制列圖示大小點選【200%】

再按 ✕ 關閉偏好設定

❹

完成變更偏好設定結果！

◎ 使用手繪感筆刷來塗鴉

在畫圖前可先想一想物件的特徵，一起來比比看誰能畫得又快又好！

例如：兔子
會想到長耳朵 ☑ 　□  圓圓的耳朵
就會像小熊

A 麥克筆 ▾ | **B** 寬度：8.000 − + mm ▾ | 變細：0 − + | 質量：2 − +

填充：　　　不透明度：100 − + 圖層 1
邊框：未設定 0.265

❶

按 【書法工具】

A 筆刷形狀點選【麥克筆】
B 寬度設【8】
C 色票點選 綠色
(#008000)

到頁面上按住左鍵，拖曳
畫出兔子的臉

🖋 小提示

游標移到色票上，就會顯
示色彩編號。
上下滾動滑鼠滾輪，可瀏
覽所有色票。

示範參考

❷

陸續以筆刷完成兔子圖案
(或其他你想畫的圖案)

最後，按 ☒ 關閉視窗，
休息一會兒再繼續吧！

🖋 小提示

若要更換筆刷顏色，記得先按一下鍵盤 Esc 鍵，取消選取色票，再重新選色喔！

6 小試身手 - 填色練習

這一節來開啟一張燈籠魚(鮟鱇魚)的黑白線條稿填色,並用之前學過的筆刷,為牠加上發光釣竿吧!

🎯 開啟黑白線條稿

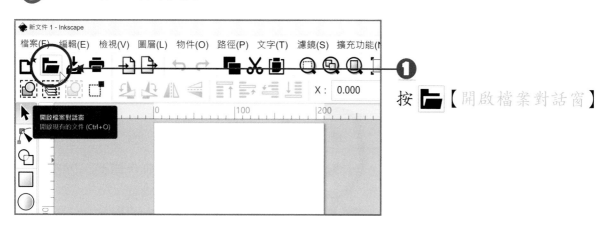

❶ 按 📂【開啟檔案對話窗】

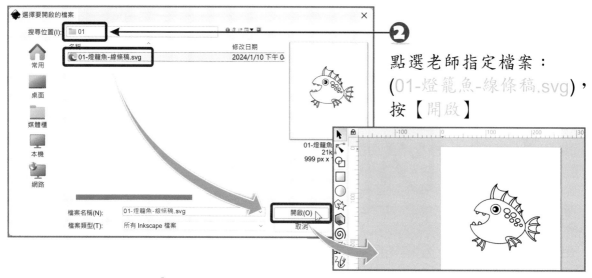

❷ 點選老師指定檔案:
(01-燈籠魚-線條稿.svg),
按【開啟】

◎ 各種顯示方式

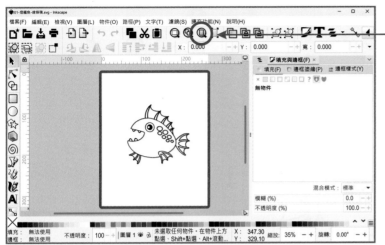

按一下 ，可整頁顯示

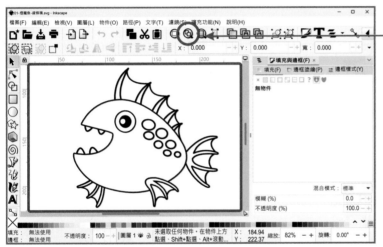

按一下 ，可讓繪圖部分充滿編輯區

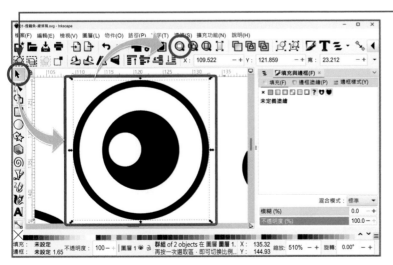

用 ▶ 點選某圖案 (物件)，按一下 ，可讓選取的部分充滿編輯區

填上色彩

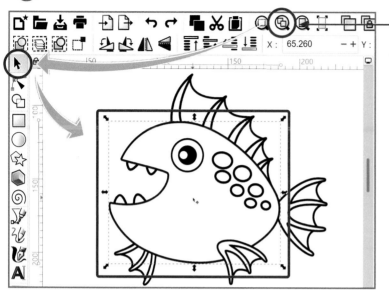

按一下 🔍，讓繪圖部分
充滿編輯區

按 ▶ 【選取和變形物件】
工具後，點選魚身

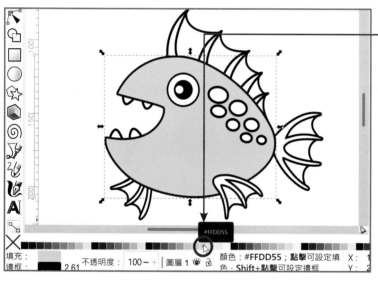

到色票上點一下 ▢
(#FFDD55)，填入顏色

哇！
超簡單！

陸續點選其他圖案 (魚身
斑點除外)，填入喜歡的
色彩

④

按 ▶，框選所有的斑點，點選顏色，填上色彩

📖 小提示

框選範圍一定要大過圖案才會框選到喔！

按住 Shift，可逐一點選。

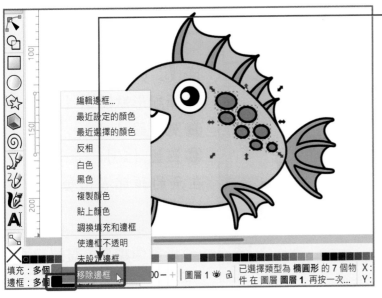

⑤

到狀態列左下方邊框色票上，按右鍵，點選【移除邊框】

在空白處點一下，可取消選取喔！

📖 小提示

到填充的色票上，按右鍵，可移除填色。

⑥

彩色燈籠魚就完成囉！

📖 小提示

填色：
填充 - 直接用左鍵點色票
邊框 - Shift + 左鍵點色票

移除填色：
填充 - 直接點一下 ☒
邊框 - Shift + 點一下 ☒

用筆刷完成燈籠魚

❶

分別拖曳右、下的捲軸，
讓頁面空出左上角位置，
好接續畫圖

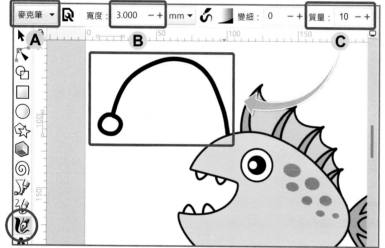

❷

按 【書法工具】

A 筆刷形狀點選【麥克筆】

B 寬度設【3】

C 質量【10】

在魚的頭部畫出發光釣竿

小提示

質量數值越高，畫圖的速
度越慢，筆畫也越平滑。

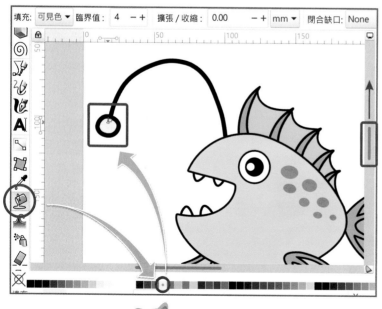

❸

按 【油漆桶工具】

色票點選 □ 黃色 (#FFFF
00)

到釣竿圈圈處點一下，
填入色彩

哇！
發光啦！

另存新檔

為了以防萬一，養成隨時存檔的好習慣非常重要喔！
另外，若是開啓舊檔來修改或繼續編輯，最好用【另存新檔】來儲存，就不會覆蓋掉原來的檔案，這也是另一種備份概念。

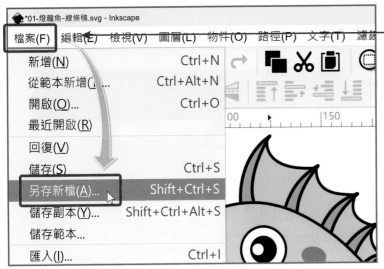

❶ 按【檔案/另存新檔】

小提示

若是開啓新文件來編輯，可以直接按 🖬【儲存】或【檔案/儲存】。

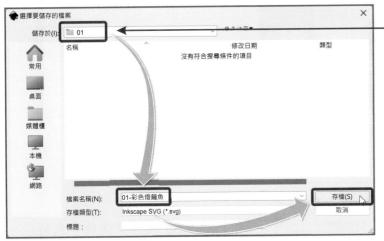

❷ 開啓儲存資料夾，檔名輸入【01-彩色燈籠魚】，再按【存檔】，就另存完成囉！

老師說

Inkscape 的預設存檔格式是【SVG】，也是它的原始檔。可以隨時開啓，來修改或繼續編輯喔！

在【Pixabay】(https://pixabay.com) 這個網站上，有超多 SVG 向量圖案讓大家免費下載使用喔！

◎ 在瀏覽器開啟 Pixabay 網站，可用翻譯功能翻成中文。

接著按右上角的 **A**【加入】註冊一組帳號密碼 (要再去信箱收信做驗證)，回到首頁，再按 **B**【向量】瀏覽所有向量圖形。

◎ 點選想要的向量圖，接著按下載→點選向量圖形→按下載，就會開始下載 (過程可能會要求登入)。(下載預設儲存資料夾【本機 / 下載】)

◎ 用 Inkscape 就可以開啟下載的 SVG 向量圖來使用囉！

在圖形 (或圖案) 上按右鍵，點【解散群組】，即可修改顏色、形狀、增刪圖案喔！

我是高手　美麗的海底世界

開啓本單元【01-我是高手-練習小檔案】，試著把燈籠魚的家-美麗的海底世界變成彩色的喔！

在【進階練習圖庫】裡還有好多【海洋生物】黑白線條稿，提供你練習使用。

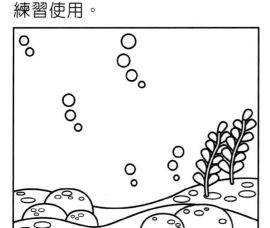

示範參考

提示：

1. 開啓黑白線條稿填色後存檔

2. 再開啓背景練習檔案，填色後存檔

3. 按【檔案 / 匯入】或按 ⊡ (匯入)，將填色的海洋生物加到背景中

用筆刷塗鴉，畫出海底世界搖曳生姿的水草，讓畫面看起來更豐富，會更加分喔！

( )① 下列哪個不是繪圖軟體？

　　1. Word　　　　　2. Inkscape　　　　3. 小畫家

( )② 哪一個不是向量圖檔的特色？

　　1. 放大依然清晰　　2. 檔案容量小　　3. 放大會模糊不清

( )③ 哪一個工具可以畫出手繪感的塗鴉？

　　1. 　　　　2. 🖍　　　　3. ✒

( )④ 哪一個是 Inkscape 的原始檔案格式？

　　1. SVG　　　　　2. PNG　　　　　3. JPEG

進階練習圖庫　　黑白線條稿

本書光碟【進階練習圖庫】中有許多海洋生物的【黑白線條稿】，提供給你練習填色喔！

2 小企鵝起步走

- 用幾何圖形來畫圖

統整課程

藝術　數學

核心概念

◎ 能運用運算思維描述問題解決的方法

◎ 能繪製簡單的草圖以呈現設計構想

◎ 了解並欣賞科技在藝術創作上的應用

課程重點

◎ 學會組合幾何圖形及應用

◎ 練習路徑工具相加減

◎ 應用分割工具完成圖案變形

◎ 學會物件群組與圖層安排

輕鬆畫卡通圖案

發揮創意與想像力，畫卡通圖案一點都不難喔！用簡單的幾何圖形與線條，就可以畫出許多圖案。

好想畫卡通圖案喔！
要怎麼開始才好呢？

嘻嘻~看這裡！

想一想

01 觀摩　觀摩現成的圖案、公仔...等。

02 臨摩　先在紙上畫出簡單的草稿。

03 簡化　想想哪些部位或區塊可用幾何圖形與線條來表現。

04 繪製　用【Inkscape】完成繪製。

幾何圖形的組合

市面上有許多知名的卡通人物，都可以用本課所學技巧，將幾何圖形組合、變換出來。例如：

只要畫出特徵就會很像喔！

我的耳朵、蝴蝶結、衣服，都是用圓角三角形畫的。

3 路徑的結合與修剪

在 Inkscape 的路徑選單中，提供許多電腦的【布林運算】功能，可做圖形的聯集、交集...等組合，能快速地創造出想要的圖案。

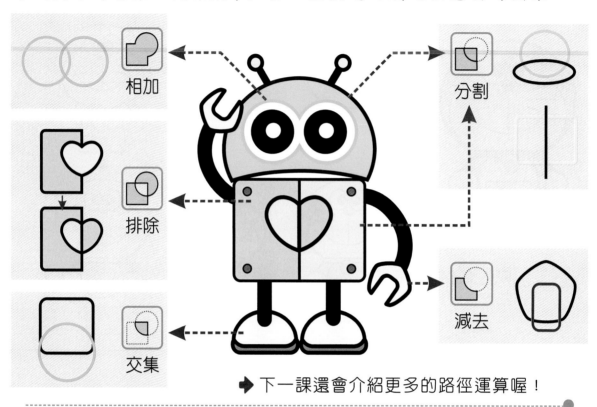

相加

排除

交集

分割

減去

➡ 下一課還會介紹更多的路徑運算喔！

布林運算的概念在很多地方都用得到，如：網頁搜尋引擎的【布林字元】

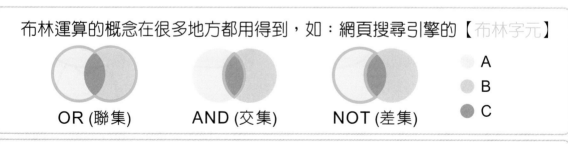

OR (聯集)　　AND (交集)　　NOT (差集)

A
B
C

數學的【文氏圖】也是相同的概念。例如：用文氏圖來分析同學們的運動喜好。請同學想一想這三色 ● ● ● 代表什麼意思？

籃球
足球
羽球
● 全都喜歡
都不喜歡

來畫企鵝的頭部

相信大家都迫不及待想要動手畫卡通圖案了吧！這一節我們就從簡單的企鵝圖案開始，著手畫畫看！

◎ 用橢圓畫頭

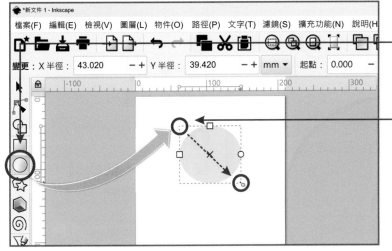

畫出企鵝的頭並上色。

1 按 ◯【橢圓形/弧形工具】

2 由圖示方向，拖曳畫出一個橢圓

> Inkscape 會記憶上一次的填充與邊框設定，套用到下一個畫出的圖案上。

3

A 按住 Shift 點一下黑色色票，填入邊框色彩

B 點一下【#55DDFF】藍色色票，填入色彩

> 在色票上，上下滾動滑鼠滾輪，可以瀏覽色票喔！

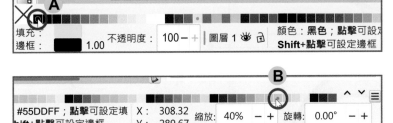

4 到邊框的數字上按右鍵點選【1.5】設定邊框粗細

企鵝的大頭完成！

◎ 再製物件

接著來畫臉部：

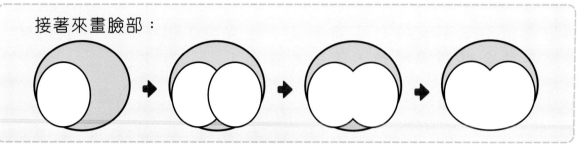

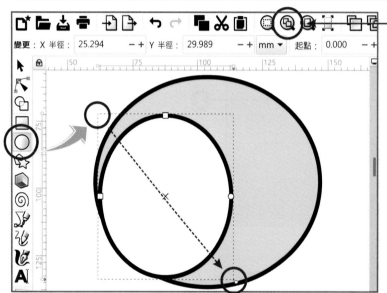

①

按一下 🔍，讓繪圖部分充滿編輯區

②

按 ◯ 畫一個橢圓，位置、大小如圖示

> 填充色 - ☐
> 邊框色與粗細 - ■、1.5

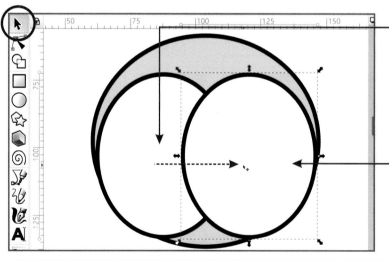

③

按 ▸ 【選取工具】點選白色橢圓，按 Ctrl + D 會在原位置再製一個橢圓

④

按住 Ctrl 鍵水平移動再製的橢圓到大頭的右邊

再製可以省去先複製、再貼上的功夫。
需水平、垂直移動複製的物件時，對齊也更輕鬆！

再製快速鍵 - Ctrl + D
複製快速鍵 - Ctrl + C
貼上快速鍵 - Ctrl + V

◎ 路徑相加

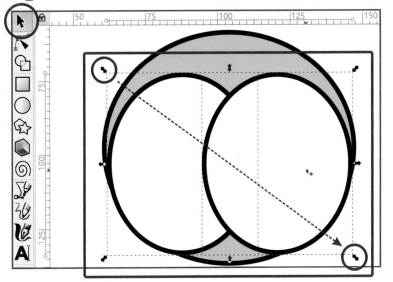

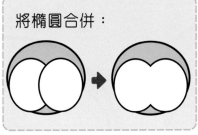

將橢圓合併：

①

按 ▶ 拖曳選取兩個白色橢圓

路徑(P)	
物件轉成路徑(O)	Shift+Ctrl+C
邊框轉成路徑(S)	Ctrl+Alt+C
描繪點陣圖(T)...	Shift+Alt+B
相加(U)	Ctrl++
減去(D)	Ctrl+-
交集(I)	Ctrl+*
排除(X)	Ctrl+^
分割(V)	Ctrl+/
剪切(P)	Ctrl+Alt+/
結合(C)	Ctrl+K
打散(A)	Shift+Ctrl+K
分離路徑(H)	Shift+Ctrl+Alt+K
斷裂(E)	Shift+Alt+E

②

按【路徑 / 相加】

小提示

相加可以將無數個圖形合併成單一路徑。

上面的圖形都會併到最下面

③

兩個橢圓就合併在一起了

咦~這臉怎麼怪怪的？

刪除節點改變形狀

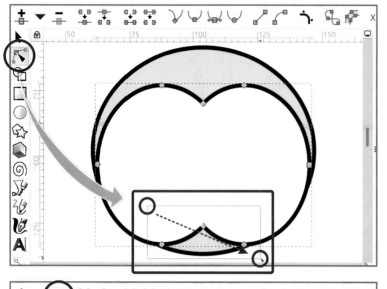

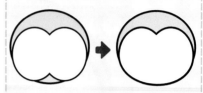

再調整臉部線條。

1

按 【節點工具】
拖曳選取底下3個節點

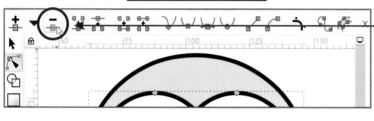

2

按 ➖ 【刪除選取的節點】

> 按 ➕ 【插入新節點到選取的線段】可新增節點。

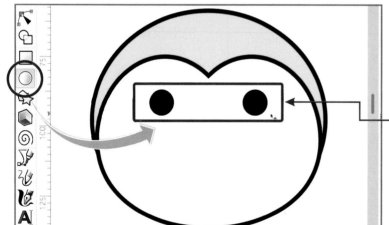

3

企鵝圓圓的臉就完成啦！

4

按 ◯，按住 Ctrl ，畫出正圓形，幫企鵝加上眼睛，如圖示

填充 - ⬛ 邊框 - Shift + ✕

老師說

在圖形執行路徑選單的功能後，會轉成路徑，其上的節點可增加、刪除，拖曳節點的控制柄可任意調整形狀。

關於節點的編輯，第 5 課還會有更詳細的介紹喔！

◎ 用矩形畫嘴巴

嘴巴是這樣畫出來的：

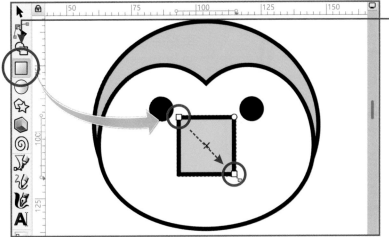

1

按 【矩形工具】

2

按住 Ctrl 鍵，在圖示位置拖曳一個正方形

填充 -
邊框與粗細 - ■ 、1.5

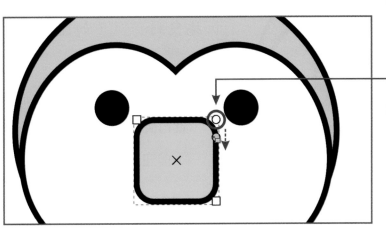

3

按住方形右上的 ○ 控點，向下拖曳出圓角，如圖示

老師說

有沒有發現拖曳 □ 控點會受到限制。這裡用預設形狀工具畫的圖，只能在限定的範圍內做改變，無法任意調整喔！

可按【路徑 / 物件轉成路徑】將形狀轉成路徑來編輯。

新造型帥吧！

圖形旋轉與變形

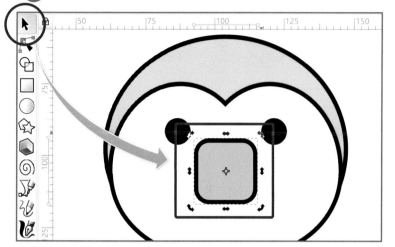

❶

按 ，再點一下已選取的圖案，就變旋轉狀態

> 再點一下，便又回復縮放狀態。

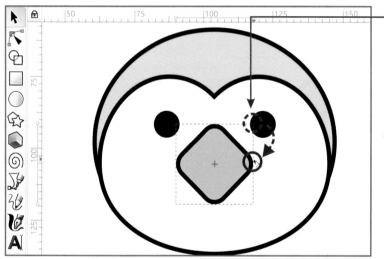

❷

按住 Ctrl，再按住右上角的 ↖ 旋轉控點，向下拖曳到45度，如圖示

📖 小提示

按住 Ctrl 可依固定角度進行旋轉 (預設是15度)。

不按住 Ctrl 可自由旋轉

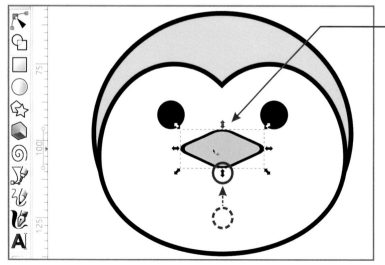

❸

拖曳底邊的 ↕ 向上壓扁，嘴巴的形狀就出來了

📖 小提示

拖曳選取框上的 ↕，可以自由縮放大小。

(按住 Ctrl 再拖曳，可等比例縮放)

🎯 路徑分割

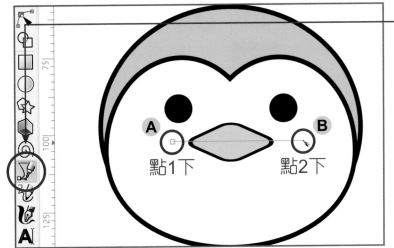

點1下　　　　點2下

①

按 【鋼筆工具】

②

在 Ⓐ 點一下，按住 Ctrl
水平拉動線段到 Ⓑ，快速
點二下，結束畫線

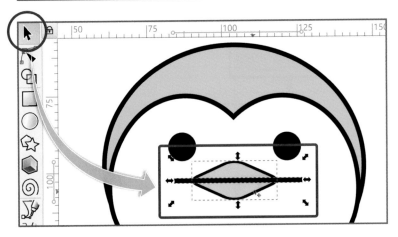

③

按 ，拖曳選取嘴巴、
線段

④

按【路徑／分割】嘴巴就
畫好了，最後再幫小企鵝
加上腮紅

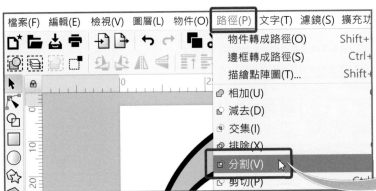

| 檔案(F) | 編輯(E) | 檢視(V) | 圖層(L) | 物件(O) | 路徑(P) | 文字(T) | 濾鏡(S) | 擴充功 |

物件轉成路徑(O)　　Shift+
邊框轉成路徑(S)　　Ctrl+
描繪點陣圖(T)...　　Shift+
相加(U)
減去(D)
交集(I)
排除(X)
分割(V)
剪切(P)

大家好！

分割之後，小企鵝的嘴巴會變成上、下兩個
圖形，若要變換表情就很方便喔！

◎ 圖形的對齊與群組

①

按 ▲ 選取 2 個眼睛，再按 ⬚ 【群組選取的物件】

②

以同樣的方法，再將2個腮紅群組

✎ 小提示

將眼睛、腮紅先行群組，執行置中對齊時，才不會重疊在一起。

③

按 Ctrl + A 全選所有物件後，按功能列的 ▾ 點選【對齊與分佈】

群組的物件，可以一起移動、變形...等。
若想修改圖形，要先按 ⬚【取消群組】喔！

④

相對於點選【選取區】，按 ⬚【縱軸置中】

⑤

保持選取狀態，再按 ⬚ 群組頭部，就完成了先存檔，休息一下！

⑤ 畫出企鵝的身體

接著來畫企鵝的身體！

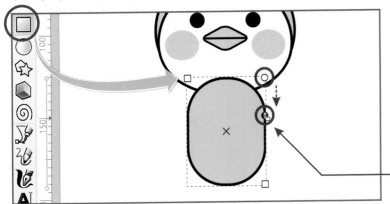

1

按 ⬜ ，畫一個長方形 (身體)

> 填充 - ⬜
> 邊框、粗細 - ⬛、1.5

2

向下拖曳 ○ 控點，調整圓角如圖示

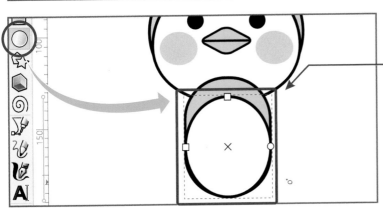

3

按 ⬜ ，畫一個橢圓 (肚子)，排列如圖示

> 填充 - ⬜
> 邊框、粗細 - ⬛、1.5

老師說

用 Inkscape 畫圖，先畫的圖案會位於下層，後來畫的會位於上層。這就是【圖層】的概念。所以企鵝的身體才會疊在臉上，這時只要重新調整【圖層】的上下順序就解決囉！

第1層身體形狀

第2層肚皮

第3層眼睛、嘴巴、花紋與腳

◎ 安排圖層的上下順序

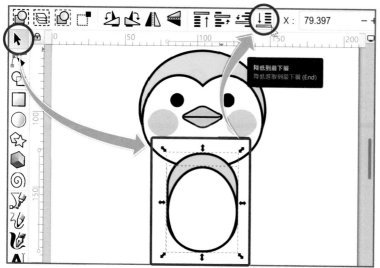

①

按 ▲ 拖曳選取身體

②

按 ↓≡【降低到最下層】

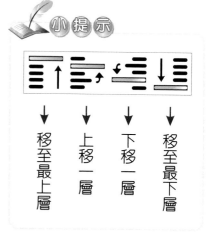

小提示

↓ ↓ ↓ ↓

移至最上層　上移一層　下移一層　移至最下層

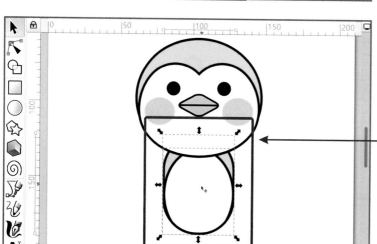

③

身體就排列到頭部的下方

有需要的話,可以拖曳移動,調整一下位置。

◎ 用三角形畫手與翻轉圖形

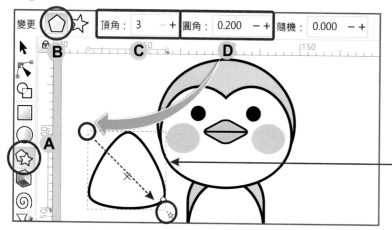

①

Ⓐ 按 ☆【星形 / 多邊形工具】

Ⓑ 點選 ⬠【規則多邊形】

Ⓒ 頂角設【3】

Ⓓ 圓角設【0.2】

②

在頁面上拖曳畫出一個圓角三角形

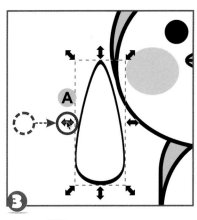

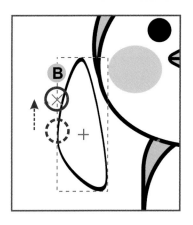

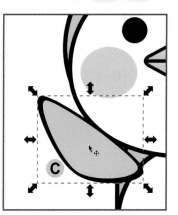

A 按 ▶ ，向右拖曳 ⬌ 壓扁圖形

B 再點圖形，往上拖曳 ⬍ ，向右下傾斜

C 旋轉角度，拖曳到圖示位置並填色

填充 - ⬜
邊框、粗細 - ■ 、1.5

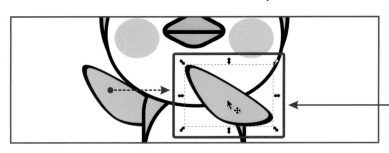

④

按 Ctrl + D 再製一隻手，移動到另一邊

⑤

按 ◢◣【水平翻轉物件】，再按 ◣【垂直翻轉物件】

⑥

按 ⬇【降低到最下層】將手排到身體後面
(別忘了另外一隻手喔！)

老師說

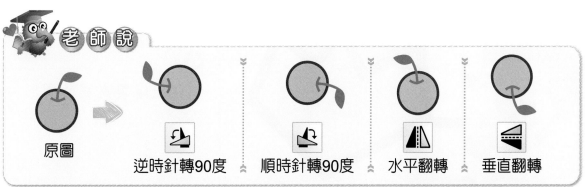

原圖　　　逆時針轉90度　　順時針轉90度　　水平翻轉　　垂直翻轉

◎ 用鋼筆工具畫腳掌輪廓

先用鋼筆畫出腳掌 W 的形狀，再取出部分橢圓的圓弧，合成企鵝的腳掌。所以鋼筆的範圍一定要大過圓弧，形狀才會完整喔！

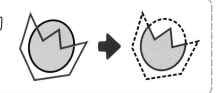

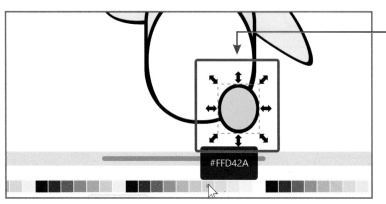

❶

按 ⬭，在身體下方畫一個橢圓，如圖示大小

填充色 - ⬜
邊框色與粗細 - ⬛、1.5

❷

按 🖊【鋼筆工具】依圖示方向畫出 W 形線條

❸

沿著橢圓外畫一圈，回到原點，變 ■ 點一下，成為封閉的形狀

下方的範圍只要大過橢圓，形狀不用太在意。

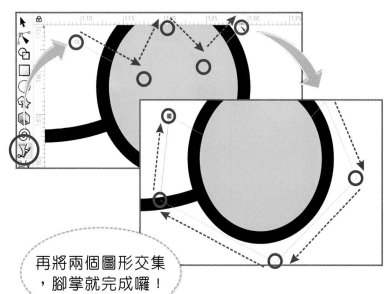

再將兩個圖形交集，腳掌就完成囉！

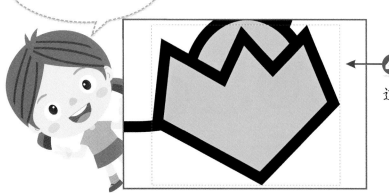

❹

這就是繪製完成的圖形

路徑交集

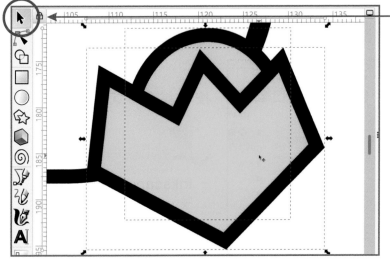

①

按 ，選取橢圓、腳掌
圖形

小提示

交集可以將 2 個圖形重
疊的部分取出來。

②

按【路徑 / 交集】

③

腳掌就出現啦！

④

將尖角變圓會更可愛喔！

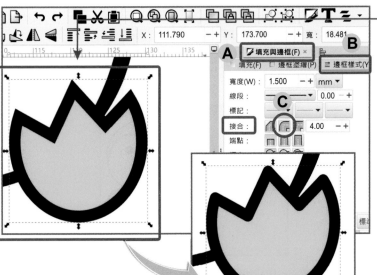

Ⓐ 按【填充與邊框】

Ⓑ 點選【邊框樣式】

Ⓒ 接合點選【圓角接合】

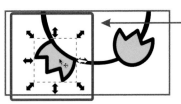

⑤

用旋轉、再製、翻轉功能
，完成企鵝的腳，如圖示

6 量身訂做的頁面

最後我們把頁面調整成和圖案一樣的大小，方便檢視與輸出。

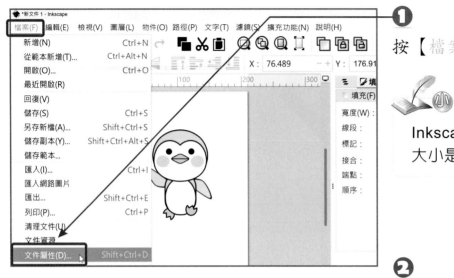

❶

按【檔案 / 文件屬性】

小提示

Inkscape 預設的頁面大小是【A4】。

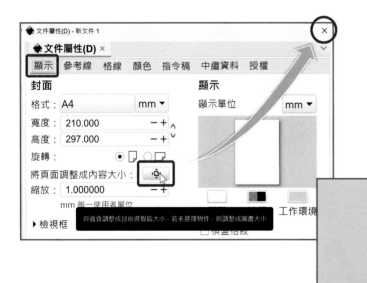

❷

按 【將頁面調整成內容大小】，再按 × 關閉視窗

❸

為企鵝量身訂做的頁面完成！記得要存檔喔！

延伸運用

我們下一課還會再見面喔！

完成的圖案，可以應用到 Word 中當插圖，或者是通訊軟體的大頭照...等，各種生活上的運用。

繪圖加油站　　我會做動畫

將畫好的圖案更改一下動作，連續播放時，就會變成小企鵝起步走的動畫囉！

(在第 8 課學會 Canva 後，我們再來做動畫練習吧！)

我是高手　　小雞誕生

利用本課學會的技巧，完成小雞誕生卡通！

示範參考

咕~咕咕！

小提示

路徑交集　　　路徑相加　　　　路徑分割

( )**1** 在路徑選單的功能可透過什麼讓你合併圖形?

　　1.布林運算　　　　2.圖形運算　　　3.布局運算

( )**2** 使用鋼筆工具畫線段,若要結束繪製時要?

　　1.點一下　　　　2.點二下　　　3.按 Ctrl

( )**3** 哪個是編輯節點工具?

　　1.🖊　　　　2.➤　　　3.📐

( )**4** 想取出兩個圖形重疊的部分,要按【路徑】,然後點選?

　　1.🔵 相加　　　2.◔ 交集　　　3.◨ 分割

 進階練習圖庫　　動畫設計用圖片

本書光碟【進階練習圖庫】中有【動畫設計用圖片】,可提供你練習!

3 魔術師舞台秀

─ 用漸層填色讓平面圖案變立體

大家好！

快來看表演！

統整課程

藝術 數學

核心概念

◎ 能認識與使用資訊科技以表達想法

◎ 基本造型種類與設計概念

◎ 了解並欣賞科技在藝術創作上的應用

課程重點

◎ 認識立體圖案的表現方法

◎ 應用分割工具變換圖案

◎ 練習漸層填色的技巧

◎ 學會星形圖案的繪製

平面圖案變立體

要表現圖案的立體感，最快的方法，就是加入【陰影】。若要顯得更逼真，就要利用【光源】方向，與【漸層】的顏色變化來表現！

加入陰影

加入光源和漸層

原圖

左上光源　　　　上方光源　　　　右上光源

 老師說

顏色深淺就是表現【立體感】的訣竅！用【漸層填色】的方法，不但快速又能表現得非常細膩、柔和。

小企鵝變裝秀

畫好的圖案經過簡單切割，就能變換出更多的造型。學會本課
的技巧，也試著將自己的圖做不同變化。

做造型前
可以先想一想
角色的特徵

利用路徑切割來變換圖形

❶

開啟第 2 課成果或老師指
定的檔案
(03-練習小檔案)

❷

按 ![游標], 點選白色肚子，
按住 Shift，拖曳 ⬌ 讓兩
側同時向內縮小變瘦

小提示

如果圖形在群組狀態，
記得先按 ![圖示] 取消群組，
再分別修改喔！

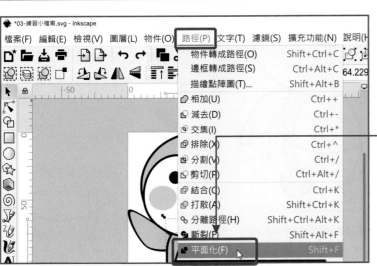

❸

選取白色肚子、藍色身體
後，按【路徑 / 平面化】

圖形平面化後，上層圖會移除和下層圖重疊的部分。接著把藍色的身體上色成西裝外套，白色的肚子再分割成襯衫和褲子。

使用貝茲曲線分割圖形

畫一段簡單的貝茲曲線，用它來分割圖形。

1

按 【鋼筆工具】：

先在 A 處點一下，產生第 1 個節點

再到 B 處按住左鍵向右上方拖曳，拉出圖示曲線

放開左鍵後，按一下右鍵結束畫線

2

完成一段貝茲曲線囉！(若有填色記得移除喔！)

小提示

按 ，可點選 ◆ 節點，拖曳控點 ●，調整曲線。

填充： 無
邊框： 1.50
不透明度： 100 － ┼　圖層 1 👁

點擊或點擊並拖曳可開始一個路徑；按著 Shift 可添加到所選

檔案(F) 編輯(E) 檢視(V) 圖層(L) 物件(O) 路徑(P) 文字(T) 濾鏡(S) 擴充功能(N) 說明(H)

物件轉成路徑(O) Shift+Ctrl+C
邊框轉成路徑(S) Ctrl+Alt+C
描繪點陣圖(T)... Shift+Alt+B
相加(U) Ctrl++
減去(D) Ctrl+-
交集(I) Ctrl+*
排除(X) Ctrl+
分割(V)

❸ 按 ▶，選取曲線、白色肚子，按【路徑 / 分割】

歡迎加入自己的創意喔！

領結：
圓角三角形+圓形

鈕扣：圓形

❹ 最後花一點時間填色，並加入領結和鈕扣

路徑還有組合、剪切和打散的功能喔！

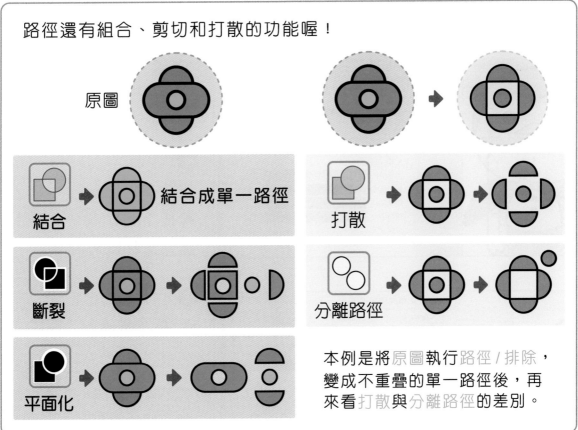

原圖

結合 ➡ 結合成單一路徑

打散

斷裂

分離路徑

平面化

本例是將原圖執行路徑 / 排除，變成不重疊的單一路徑後，再來看打散與分離路徑的差別。

3 填入漸層色彩

漸層色彩不但可以創造出立體感，也能展現出華麗的視覺效果，非常好用喔！趕快來學吧！

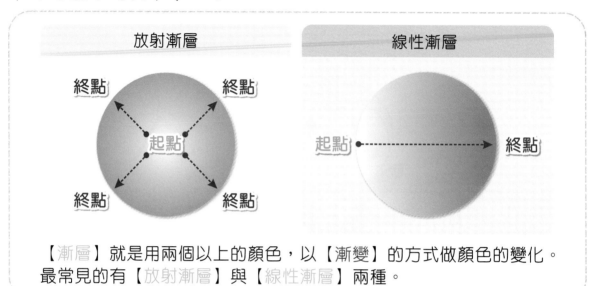

放射漸層

終點　　　終點

起點

終點　　　終點

線性漸層

起點 ⋯⋯⋯⋯⋯▶ 終點

【漸層】就是用兩個以上的顏色，以【漸變】的方式做顏色的變化。最常見的有【放射漸層】與【線性漸層】兩種。

◎ 填入放射漸層色彩

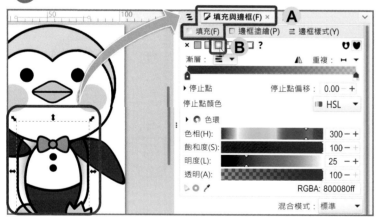

設定淡紫色到深紫色的漸層。由淺到深的色彩最能表現立體感。

1

點選西裝外套

Ⓐ 按【填充與邊框 / 填充】

Ⓑ 點選 ☐【放射漸層】

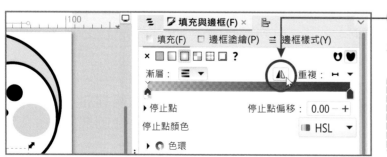

2

按 ◭【反轉】

反轉就是把漸層起點和終點的顏色對調，這樣就能保留原來的紫色填色。

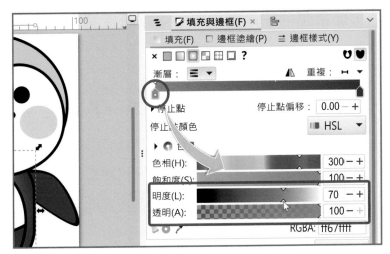

❸

點一下

❹

明度設【70】，
透明設【100】

✎ 小 提 示

明度就是顏色的深、淺；
透明就是顏色淡化程度，
數值100就是不透明。

| | 70 – + |
| 100 – + |

可以直接拖曳數值閥來
調整數值。

❺

按 【漸層工具】，向
左上方拖曳■(漸層起點)
，調整亮面的位置

❻

分別點選●(漸層終點)，
調整漸層方向如圖示

老師 說

以光源在圖形的左上角為例，那麼亮面應該都會在左上角，注意
圖形裡的每個部分，光源都要一致喔！

◎ 套用漸層色彩

同一檔案使用過的漸層色,都會儲存在漸層庫中,可以直接套用,不用重新設定喔!

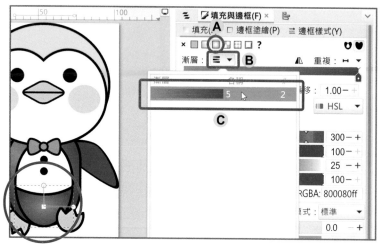

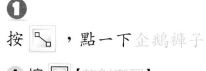

❶

按  ,點一下企鵝褲子

Ⓐ 按 □【放射漸層】

Ⓑ 按 ☰ ▾【漸層庫】

Ⓒ 點選之前設定的漸層色

小提示

點一下漸層後方的名稱,可重新命名。

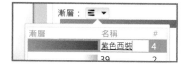

❷

拖曳 ■漸層起點到企鵝褲子左上角,調整亮面位置

❸

以同樣的方法,將兩隻手都套用相同的漸層色彩,如圖示

修改漸層庫的漸層色彩

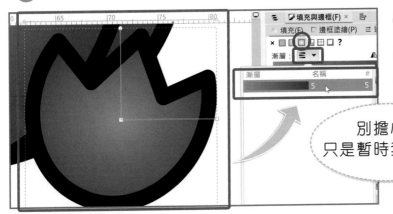

① 點選腳丫，套用紫色的漸層色

別擔心！
只是暫時套用喔！

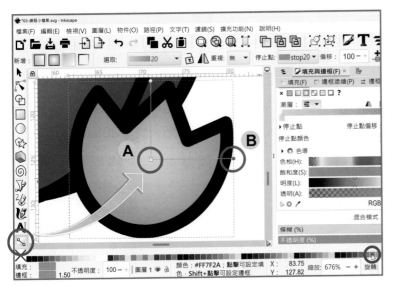

② 在 【漸層工具】下：

A 點選 ■ 漸層起點，再點選 ▨ 黃色色票 (#FFD42A)

B 點選 ● 漸層終點，再點選 ▨ 橘色色票 (#FF7F2A)

③ 將嘴巴、另一隻腳丫都套用剛剛設定的漸層色

小提示
修改好的漸層色，也出現在【漸層庫】中囉！

❹

重複步驟，設定頭部的
藍色漸層

起點 - 水藍色　　(#00FFFF)
終點 - 深藍色　　(#0055D4)

也要套用到領結上喔！

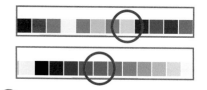

🎯 調整漸層範圍

①

以同樣的方法，再設定臉
部的 白 - 灰 漸層

　　起點 - 　 白色
　　終點 - 　 30% 灰

調整起點、終點位置如圖

唉呦~怎麼
灰頭土臉！

②

向右拖曳 ⬡，使停止點偏
移到約【0.75】，修改漸
層起點的位置

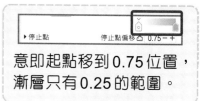

意即起點移到 0.75 位置，
漸層只有 0.25 的範圍。

別忘了套用到白色襯衫！

◎ 製造光暈蘋果肌

放射漸層

起點
透明度 100

終點
透明度 0

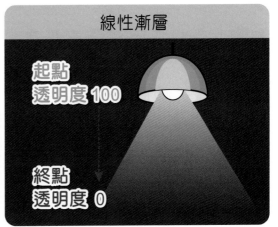

線性漸層

起點
透明度 100

終點
透明度 0

利用【漸層】的【透明度】輕鬆做出光暈或光線的效果。

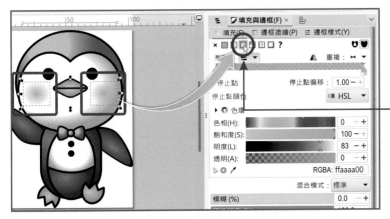

❶
點選 2 個腮紅

❷
按 ▢【放射漸層】就完
成囉！

小 提 示

Inkscape 預設的透明是
起點：100 ⟶ 終點 0
(不透明) ⟶ (完全透明)
所以直接套用就可以了。

❸
把小企鵝群組，再將完成
的成果，另存新檔喔！

繪製舞台背景圖

接著幫小企鵝畫一個閃亮的舞台，利用漸層營造出不同的氛圍。

◎ 設定橫式版面

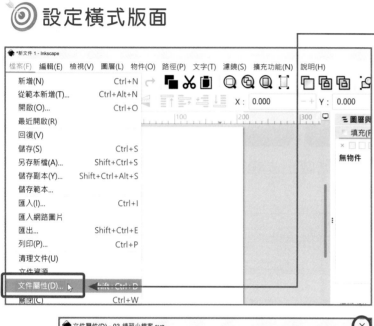

❶

新增另一個檔案後，按
【檔案 / 文件屬性】

小提示

若用之前的檔案繼續編輯，可以先把小企鵝移到頁面外喔！

❷

確認格式為【A4】，旋轉點選 【橫式】，再按 × 關閉

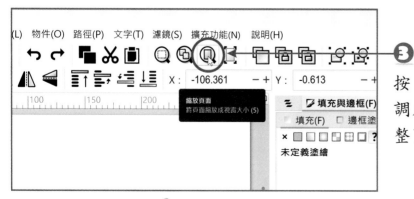

❸

按 縮放頁面，將頁面調成視窗大小，準備來畫整頁的背景圖

使用線性漸層填色

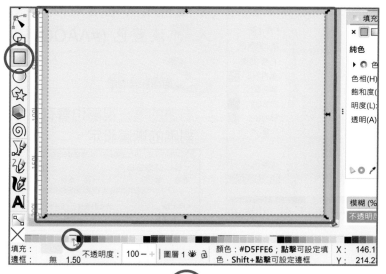

畫一個 淡綠-淡藍-淡紫 三色漸層的粉彩背景。

1

按 ▢，畫一個和頁面一樣大小的長方形

填充色 - ▢
邊框色 - Shift + ☒
這是漸層起點的顏色喔!

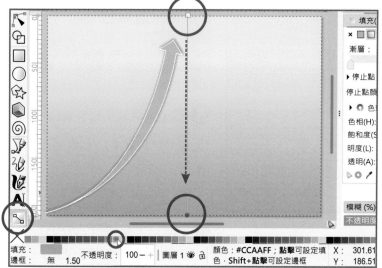

2

按 【漸層工具】，從頁面最上方，向下拖曳到最下方 (如圖示)

3

點一下 ● 漸層終點，點選 淡紫色 (#CCAAFF)

增加漸層節點

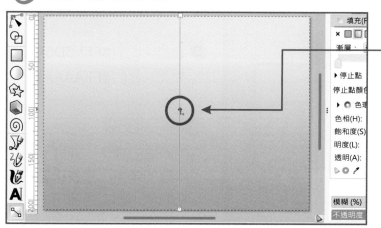

1

游標移到漸層線中間的位置，變成 點兩下，就可新增一個漸層的節點

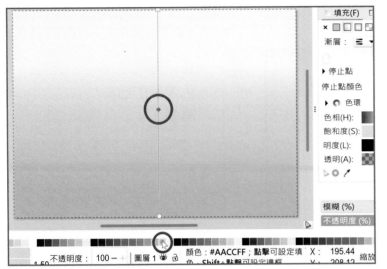

 ❷

點選新增的漸層節點，填
入  淡藍色 (#AACCFF)

小提示

> 右邊的填充視窗也會有
> 對應的漸層設定。

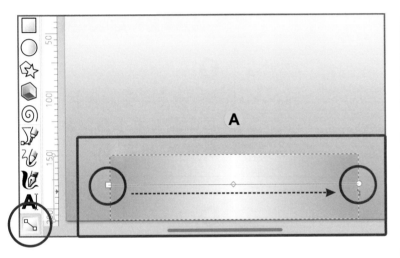

接著來畫舞台

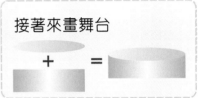

❸

依照所學會的方法畫出舞
台：

Ⓐ 起點 - ▦ (#FFAAAA)
中點 - ☐ (#FFF6D5)
終點 - ▦ (#FFAAAA)

Ⓑ 起點 - ☐ (#FFF6D5)
終點 - ▦ (#FFAAAA)

小提示

由兩邊的深色，漸層到
中間的淺色，是表現圓
柱體常用的上色方法。

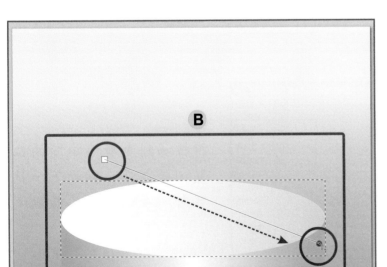

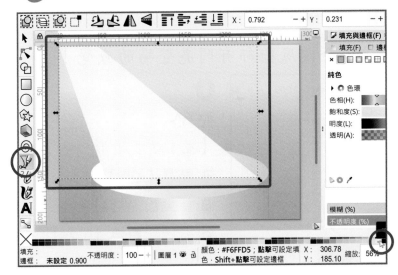 加入舞台聚光燈效果

利用顏色的透明度漸層，就能做出很棒的聚光投射燈的效果喔！

❶
按 🖌，畫一個如圖示的光線形狀

填充色 - ☐ (#F6FFD5)
邊框色 - Shift + ☒

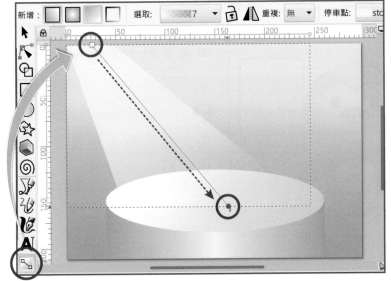

❷
按 🔲【漸層工具】，由左上向右下拖曳，讓顏色慢慢淡化(如圖示)

❸
複製一個光線圖，移動到右邊，如圖示

❹
按【檔案／匯入】將完成的立體企鵝插入到舞台上

加入閃亮星星

最後用星星圖案來點綴，讓小企鵝魔術師有閃亮登場的感覺！

①

按 ☆

【星形 / 多邊形工具】

Ⓐ 點選【星形】

Ⓑ 頂角設為【4】

Ⓒ 輪幅比設為【0.25】

②

在圖示位置拖曳畫出一個四角星形，並填入黃色

③

在企鵝的兩旁拖曳畫出數個星形，如圖示

要把我儲存起來喔！

④

最後加上陰影，會更有站在舞台的感覺

小提示

填充色 - ■ 60% 灰

邊框色 - Shift + ☒

放射漸層

停止點偏移 - 0.50

星形工具的【輪幅比】就是變形的幅度大小，若再加上不同的圓角，形狀就會千變萬化，有空時不妨一試喔！

 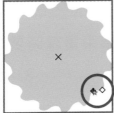 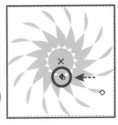

頂角：15 / 輪幅比：0.4	
圓角：0.5	圓角：1

向內外拖曳變形控點，可調整變形幅度；
向左右拖曳可旋轉圖案。

 我 是 高 手　立體海底世界

利用本課學到的技巧，用漸層將自己畫過的圖案變成立體感的圖案吧！

示範參考

（　）1 哪一個繪圖方法不能表現圖案的立體感？

　　　　1.加入漸層　　　　2.加入陰影　　　　3.加入燈泡

（　）2 使用鋼筆工具畫曲線，若要結束畫線時要？

　　　　1.按左鍵　　　　2.按右鍵　　　　3.按 Esc

（　）3 哪一個工具，可以用來建立漸層色彩？

　　　　1.　　　　2.　　　　3.

（　）4 哪一個工具可以畫各種星形？

　　　　1.　　　　2.　　　　3.

 進 階 練 習 圖 庫　　彩色卡通圖案

本書光碟【進階練習圖庫】中有【彩色卡通圖案】，提供給你練習填入漸層色彩，你也可以開啟自己畫的圖來練習喔！

4 酷炫動物徽章

- 圖片剪裁與點陣圖轉向量圖

核心概念

◎ 了解並欣賞科技在藝術創作上的應用

◎ 能認識常見的資訊科技共創工具的使用方法

◎ 雲端服務或工具的使用

課程重點

◎ 練習圖形工具的使用

◎ 學會點陣圖轉向量圖

◎ 學會圖片剪裁

◎ 練習套用濾鏡效果

徽章的應用

徽章可以用來識別身分,例如:社團徽章、班級徽章...等,或是做獎章,如:模範生獎章...。現在也常用在線上學習,或遊戲的晉級徽章。

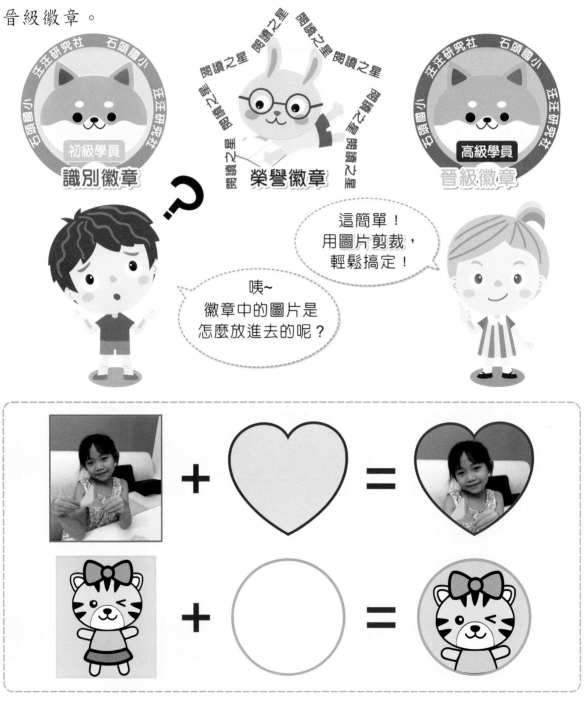

下一課還會學到更厲害的圖片去背景,是圖片剪裁的進階版喔!

繪製徽章底圖

利用形狀建立工具，可快速地製作出各種不同的圖案來組合成徽章底圖。

◎ 圖形的變形旋轉

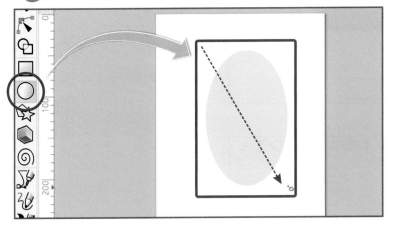

❶

按 ◯，在頁面拖曳出一個橢圓

> 填充色 - ☐ (#AAEEFF)
> 邊框色 - Shift + ☒

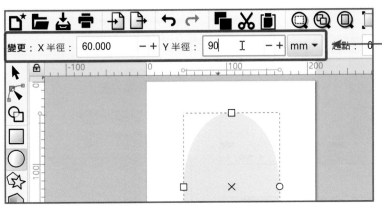

❷

變更：

X半徑輸入【60】mm
Y半徑輸入【90】mm

 小提示

這裡請用設定的尺寸做練習，待會要選取的圖形才會一樣。

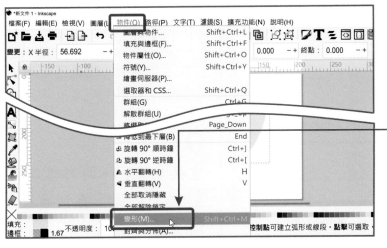

❸

按【物件 / 變形】

按【旋轉】頁面

角度設【45】度，勾選
【個別套用到每個物件】

小提示

輸入正值為順時針旋轉；
反之負值為逆時針旋轉。

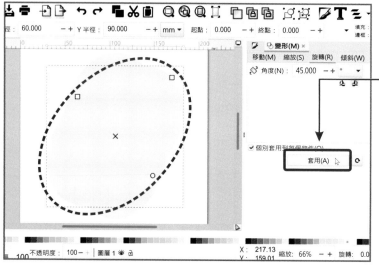

按 Ctrl + D 再製一個橢
圓，按【套用】

小提示

圖形在旋轉狀態時，可拖
曳移動旋轉中心。

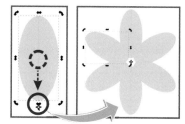

設定角度後，會產生不同
的形狀效果。

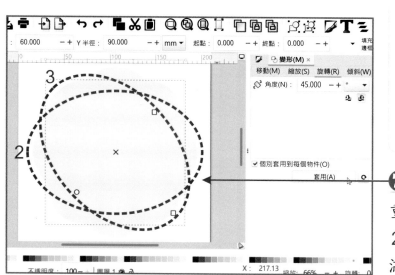

重複步驟 6，再製並旋轉
2、3的橢圓，直到圖形布
滿一圈

🎯 形狀建立工具的使用

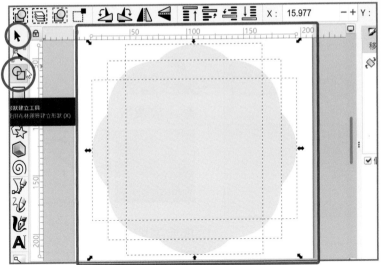

❶

按 ⬆ ，拖曳選取所有的
橢圓

小提示

全選快速鍵：`Ctrl` + `A`

❷

按 🔷【形狀建立工具】

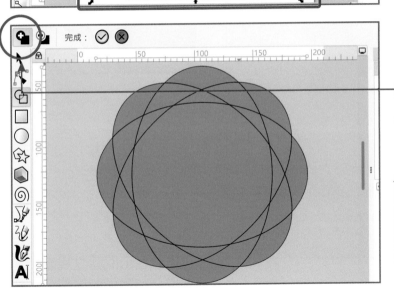

❸

按 🔷【新增】

小提示

這時會進入形狀建立工具
的專屬編輯視窗。按 ⊗
可返回。

❹

將游標移到圖示圖形上
(此時圖形會呈現藍色)，
按住左鍵拖曳選取紅框內
的三個圖形後，放開左鍵

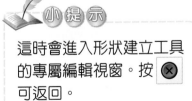

小提示

若選錯了，可按 ↩【復
原】再重選。

 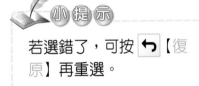

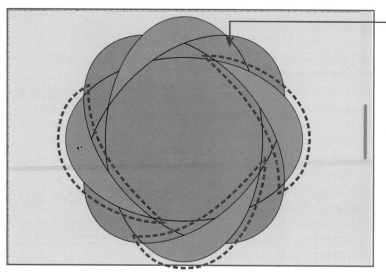

以同樣的方法，完成其他
三個圖形的選取，如圖示

點、放選取，圖形會分開

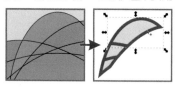

拖曳選取，圖形會合併

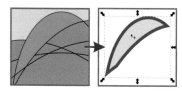

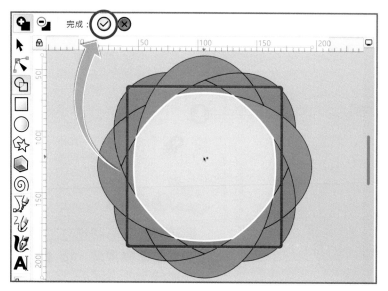

❻

點選中間的八邊形，再按
⊘ 完成形狀建立

也可以在形狀建立視窗，
完成所有圖形的選取。

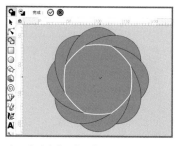

但會較為費時喔！

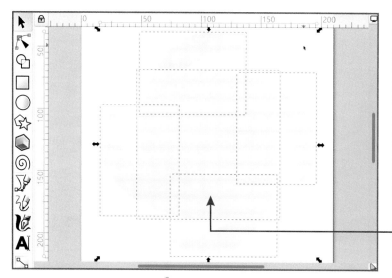

❼

這就是設定完成的圖形

底圖的組合

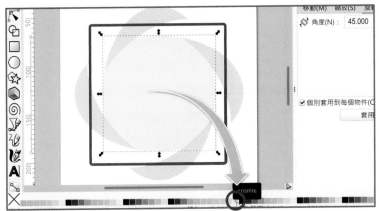

1 按 Esc 取消選取後，點選中間的八邊形，填入淺綠色 (#D5FFF6)，然後取消選取

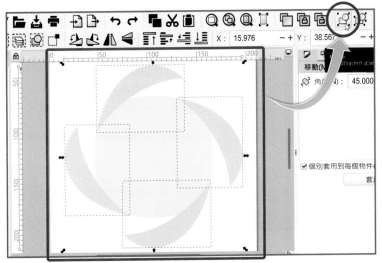

2 按住 Shift 複選4個藍色的圖形，按 【群組】

小提示

圖形群組	沒有群組
可一起旋轉	會個別旋轉

老師說

除了用形狀建立工具外，也能運用上一課學過的多邊形變化，再利用對齊與分佈來製作徽章底圖。

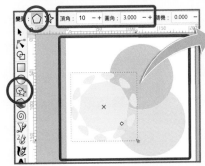

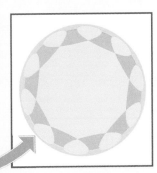

71

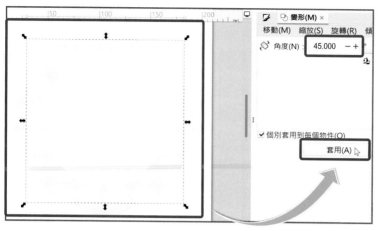

❸

按 ⌈ Ctrl ⌉ + ⌊ D ⌋ 再製群組的
圖形

❹

按【套用】

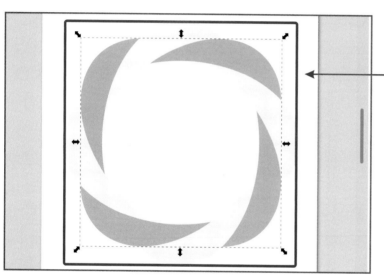

❺

將再製的圖形填入紫色

(#AAAAFF)

徽章底圖完成了，別忘了
要存檔！

 老師說

也可以按 ⊖【刪除】，點選刪除不要的部分：

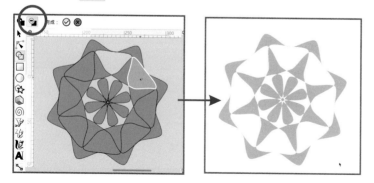

形狀：星形
頂角：5
輪幅比：0.72
圓角：0.2
旋轉角度：45

試著用不同的幾何圖形、旋轉角度與改變旋轉中心，來創造出更多
的形狀。

點陣圖轉成向量圖

描繪點陣圖功能，可以讓 Inkscape 自動描畫出圖片(照片)上的圖案，畫好的圖形會轉成向量圖檔，能進行編輯、填色，任意縮放也不會失真！

 網路上搜尋到的圖片

用傳統畫具畫的作品

※ 描繪點陣圖，雖然可以擷取部分設計加入到自己的創作中，並非鼓勵大家原封不動地使用喔！

◎ 點陣圖轉成向量圖

① 按【檔案／匯入】匯入老師指定檔案，如圖

② 按 🔍【縮放繪圖部分】

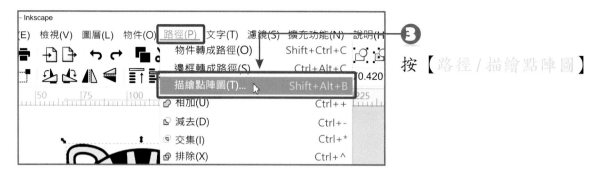

3 按【路徑 / 描繪點陣圖】

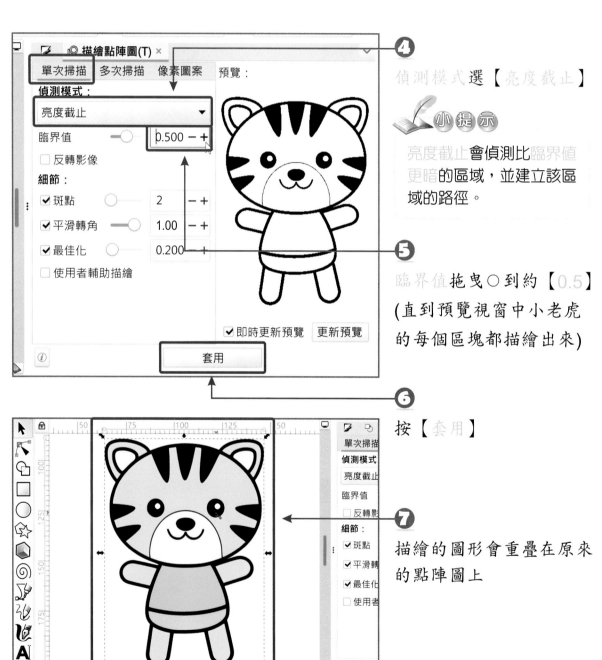

4 偵測模式選【亮度截止】

小提示

亮度截止會偵測比臨界值更暗的區域，並建立該區域的路徑。

5 臨界值拖曳○到約【0.5】
(直到預覽視窗中小老虎的每個區塊都描繪出來)

6 按【套用】

7 描繪的圖形會重疊在原來的點陣圖上

◎ 編輯向量圖案

接著花一點時間把黑白的向量圖檔上色，並加以改造一番！

❶

按 ↖，移開黑白向量圖，刪除彩色的點陣圖

🪶 小 提 示

描繪的向量圖，會結合成單一路徑。可使用填充封閉區域的 🪣【油漆桶工具】來填色。

❷

按 🪣【油漆桶工具】

填充色 - ☐ (#FFE680)
邊框色 - ☒

❸

在小老虎頭上點一下，填入色彩

一一填入你喜歡的顏色

小提示

記得每次更換顏色時，要按 Esc 結束色票選取，再重新選色喔！

小提示

耳朵因範圍較小不好上色，可依步驟 ➎ 的方法，放大顯示後再填色。

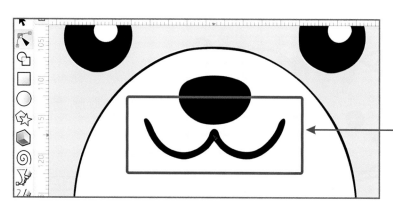

游標移到嘴巴上，按住 Ctrl 向上滾動滑鼠滾輪放大顯示

小提示

按住 Ctrl 向下滾動滑鼠滾輪，會縮小顯示。

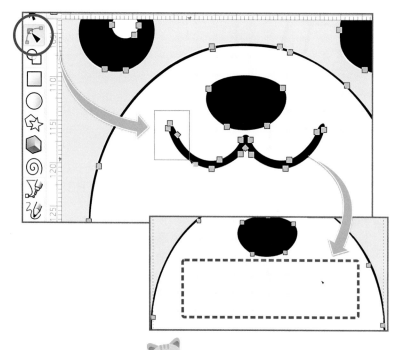

➏

按 【節點工具】點一下圖形

➐

一邊點選嘴巴的 ▢ 節點，一邊按 Delete 刪除，將嘴巴的節點通通刪除

接著，用先前學過的繪圖功能，為徽章的圖形加入一些自己的創意吧！擁有越多的個人特色就越棒喔！

8

加入新的表情

請隨意發揮。

我是
小勇士！

9

加入服裝造型，最後記得
要群組

示範參考

4 圖片剪裁

利用圖片剪裁的功能，就能將畫好的小老虎置入到徽章底圖中。

1 匯入之前完成的徽章底圖，並排列到最下方

2 按 ▶，按住 Ctrl 等比例調整小老虎的大小，大約比中間的八角形大一些

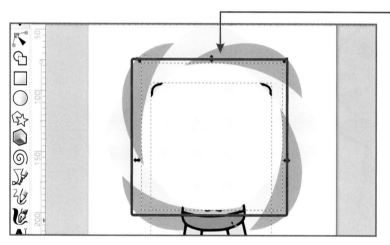

3 點選底圖的八角形，按 Ctrl + D 再製一個

小提示

剪裁圖片時，圖形框要放在圖片的上方。其填色可以移除，不影響喔！

4 複選再製的八角形和小老虎，按【物件/剪裁/設定裁剪】

小老虎就置入徽章中囉！

5 加入濾鏡效果

Inkscape 內建超多的濾鏡效果，大家有空時可以體驗一下喔！

❶

按 ↖，點選中間的八角形，按 Ctrl + D 再製

小提示

利用再製的圖形，製作出玻璃罩的感覺。

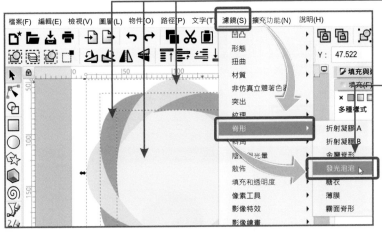

❷

按住 Shift 複選再製的八角形及紫色和藍色邊框

❸

按【濾鏡/脊形/發光泡泡】

小提示

若要移除濾鏡效果，可按【濾鏡/移除濾鏡】。

❹

哇！加入濾鏡效果後，又酷又炫了，記得存檔！

小提示

完成的濾鏡效果，還可以點選色票改變顏色。不同的填色，會有不同感覺。

繪圖加油站　AI繪圖生成器

網路上有許多的 AI 繪圖生成器，只用文字就能生成許多漂亮的圖片來使用。我們以【MyEdit】(https://myedit.online/) 這個網站做說明喔！

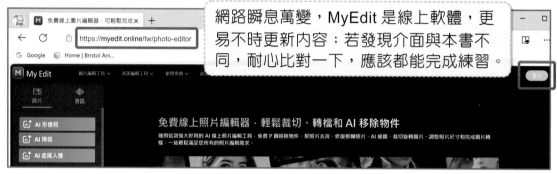

> 網路瞬息萬變，MyEdit 是線上軟體，更易不時更新內容；若發現介面與本書不同，耐心比對一下，應該都能完成練習。

◎ 用瀏覽器開啟 MyEdit 網站，先按右上角的【登入】→【建立帳號】註冊一組帳號密碼 (要再去信箱收信做驗證)，用 Gmail 帳號申請就可以。

◎ 回到首頁，按【登入】登入後，按帳號縮圖，點選：
【獲得免費點數】→
【獲得3個點數】→
關閉面板視窗。
(生成一次扣2點)

◎ 按【AI 繪圖生成器】→【生成圖片】，在框內輸入描述圖片的文字，點選喜歡的風格→【4張圖片】→【生成】。接著點選喜歡的圖片按 ，就可以將圖片下載使用囉！

 老師說

可以用 AI 生成圖片的網站還有很多！例如：【DALL.E】、【Fotor】、
【Stableboost】等，都可上網搜尋，找到網站來玩玩看喔！
除了輸入文字生成 AI 圖像，也可用照片來生成：例如：【完美相機】

不過目前大多是要付費使用的，在製作前要先看清楚訂閱規則喔！

 我是高手　　個人徽章

利用本課學到的技巧，來做個人徽章吧！你可以加入自己的大頭照，
或上網利用 AI 生成個人圖像。

在【進階練習圖庫】裡，也有【徽章底圖】供你練習使用喔！

示範參考

小提示

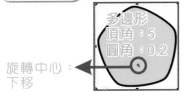

多邊形
頂角：5
圓角：0.2
旋轉中心：
下移

旋轉角度：45

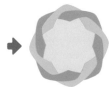

 小評量

( )①　想把照片置入特定的形狀中，可用哪個功能？

　　　1. 組合　　　　　2. 剪裁　　　　　3. 剪切

( )②　幫照片剪裁的形狀，要放在照片的上面還是下面？

　　　1. 上面　　　　　2. 下面　　　　　3. 都可以

( )③　哪一個是形狀建立工具，可以用來建立組合形狀？

　　　1. （星形圖示）　　　2. （筆形圖示）　　　3. （組合形狀圖示）

( )④　在形狀編輯好後，要按哪個按鈕，完成建立？

　　　1. （打勾圖示）　　　2. （打叉圖示）　　　3. （加號圖示）

 進階練習圖庫　　　徽章底圖

本書光碟【進階練習圖庫】中有【徽章底圖】，提供給你練習設計個人徽章喔！

5 獨一無二的生日卡

－ 圖片去背景與影像合成

統整課程

藝術 綜合

核心概念

◎ 能體會動手實作的樂趣，並養成正向的科技態度

◎ 能認識與使用資訊科技以表達想法

◎ 了解並欣賞科技在藝術創作上的應用

課程重點

◎ 貝茲曲線的運用

◎ 學會合成影像

◎ 能做美術文字

◎ 練習圖樣填色

特別的祝福卡

在特別的日子想送給親朋好友特別的祝福嗎？這一課就來學習怎麼利用照片組合繪圖，不但快速有創意，又誠意十足。

> 好朋友的生日快到了，可是市面上的卡片都差不多...

> 對了！來拍照片做張 個人公仔 的卡片吧！

> 用照片加入繪圖，就能創造許多有趣的 影像合成 作品喔！

個人公仔

相片塗鴉

去除相片的背景

想不到 Inkscape 也可以用來【去背】吧！去背後的影像，能合成其他圖像，變出更多獨特的作品喔！趕快來學！

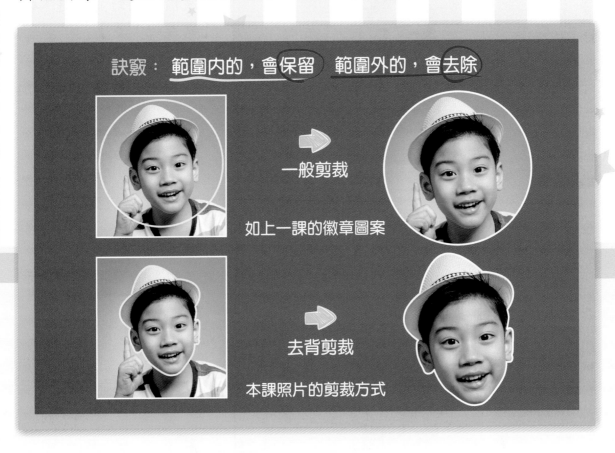

訣竅： 範圍內的，會保留　範圍外的，會去除

一般剪裁

如上一課的徽章圖案

去背剪裁

本課照片的剪裁方式

❶

按 ⊞，匯入【05-男孩.png】或老師指定的檔案

◎ 局部放大圖片

❶

在工具箱上，向下滾動滑鼠滾輪，找到並點選 🔍 【放大鏡工具】

📖 **小提示**

🔍【放大鏡工具】可任意放大、縮小顯示圖片的某個部分。

❷

拖曳臉部的範圍，如圖示

📖 **小提示**

也可以用 🔍 游標直接點圖片來放大顯示。

📖 **小提示**

按住 Shift ，游標會由 🔍 變 🔍，可以縮小顯示圖片。

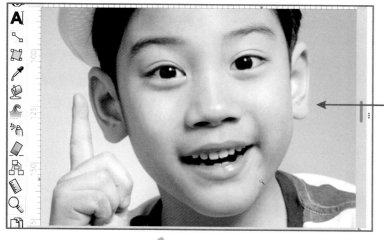

❸

臉部放大了，更方便待會兒做描框的動作

貝茲曲線畫剪裁框

先掌握幾個技巧可幫助你畫得又快又好喔！

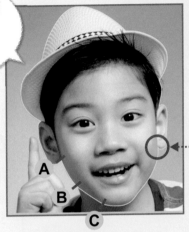

毛毛的頭髮，可大約取平滑的弧度。

可視線條的弧度與方向來加節點，如：從 Ⓐ 開始到 Ⓒ 線條轉向，可加節點 Ⓑ 會較好畫。

在轉折處，可先結束畫線，再重新連接節點，繼續畫圖。

若無法一次描畫好，可以在完成描框後，用節點工具做調整。

❶

按 【鋼筆工具】

小提示

填充色 - ⊠
邊框色 - ☐ 、0.5
線條顏色能看得清楚就好，不影響結果。

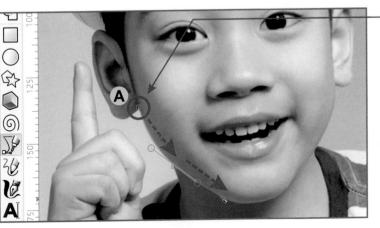

❷

在 Ⓐ 點一下，順著臉部的邊緣拖曳控點、增加節點，使線條貼合臉部邊緣

小提示

可隨時按 Ctrl + Z ，回上一個節點重畫。

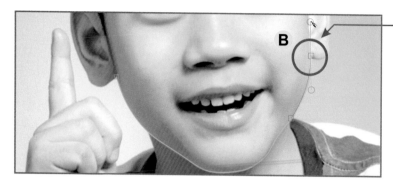

❸

畫到 **B** 點 (轉折處) 時，
先按右鍵中斷畫線

📖 小提示

也可以一次畫完，再用 🔧
【節點工具】來調整。

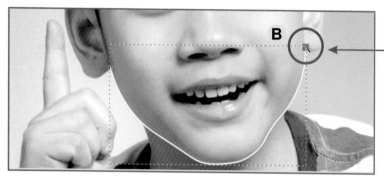

❹

游標回到 **B** 點上，節點
變■，點一下左鍵，即可
連接線條，再往下畫

📖 小提示

若畫到一半，線條斷掉了
，也可用這個方法，把線
條接起來。

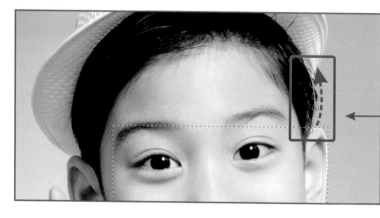

❺

頭髮的部分大約取平滑的
弧度就好

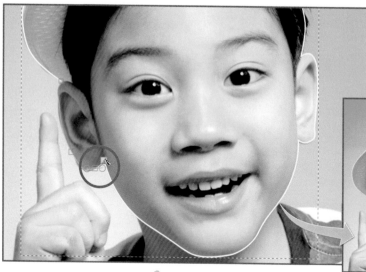

❻

回到起點，點一下左鍵，
就完成一條封閉的曲線！

◎ 調整剪裁框

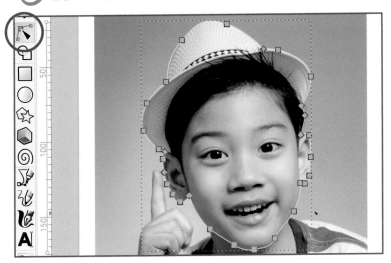

1

按 【節點工具】

2

點一下框線，就會出現所有節點

接著，來看幾個常用的節點編輯功能，並依自己的需要調整框線。
(其他的功能做法也相似喔！)

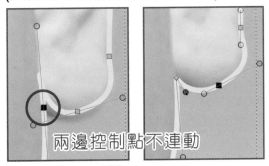

兩邊控制點不連動

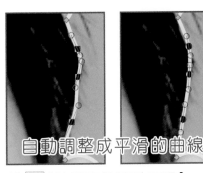

自動調整成平滑的曲線

點選節點，按 【使選取的節點變銳角】
即可分別調整兩邊的控制點

按 【使選取的節點平滑】，使
選取的節點曲線平滑

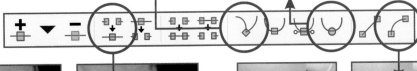

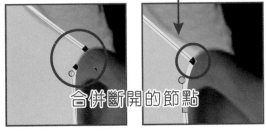

合併斷開的節點

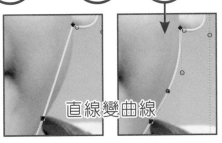

直線變曲線

複選節點，按 【合併選取的節點】，
可合併節點

點一下直線 (或兩端點)，按
【Add curve handles】(新增曲線
控制柄)，可新增控點，調整線段

相片去背景

❶

按 ▶ ，複選邊框和照片

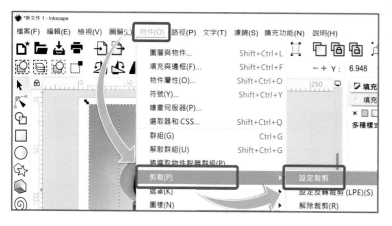

❷

按【物件/剪裁/設定裁剪】，圖片【去背】了

繪圖加油站　描圖學畫圖

利用描圖去背景的方法，畫出臺灣藍鵲。
上網搜尋維基百科首頁：在搜尋欄輸入【臺灣藍鵲】

像不像，三分樣，簡單地描畫出輪廓，就會有幾分神似喔！

圖片來源：由 Flickr user wagtail . Photo uploaded to commons by user ltshears - Flickr here, CC BY-SA 2.0, https://commons.wikimedia.org/w/index.php?curid=1996444

3 公仔組合

來將【去背】的大頭照，與卡通風格的身體圖案做組合，做出可愛又獨一無二的個人公仔吧！

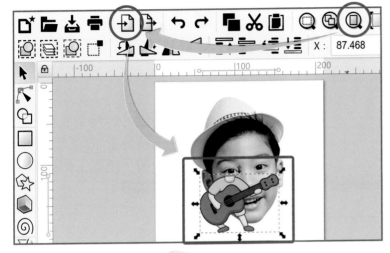

1

按 🔍 整頁顯示後，接著按 ↲ 匯入【05-公仔身體.svg】

2

組合成圖示公仔
- 頭部移到最上層
- 縮放到適合大小
- 調整身體位置

最後群組並儲存起來
(檔名：05-我的個人公仔)

◎ 個人公仔的應用

卡片

告示牌

姓名貼紙

4 漂亮的美術文字

用圖片裝飾的美術文字，完成漂亮的生日卡片祝福語。

◎ 輸入文字與設定格式

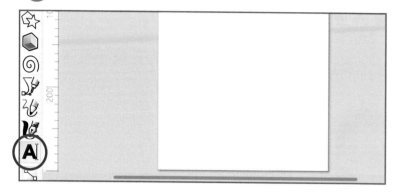

①

新增檔案後，按 **A**【文字工具】

> 若找不到【文字工具】，可在工具列上，向下滾動滑鼠滾輪，捲動工具列，就能找到囉！

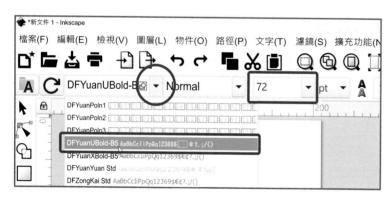

②

字型點選例如：
DFYuanUBold-B5
字級點選【72】

> 製作美術文字可選粗體字，效果會更好！

中文字型名稱對照表

目前的 Inkscape 版本，會以英文來顯示中文字型的名稱。以下是對照參考：

華康字體 (DF 或 DFP 開頭)	Yuan 圓體、Ming 明體、Hei 黑體、KaiShu 楷書、HeiBold 粗黑、WaWa 娃娃、MingBold 粗明、Girl 少女字...
微軟正黑體、雅黑體	Microsoft JhengHei、Microsoft YaHei
細明體、新細明體	MingLiU、PMingLiU

● 實際能使用的字型，依每台電腦安裝的字型種類為準喔！

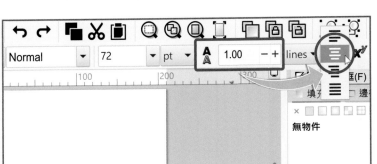

❸

行距設為【1】

❹

文字對齊按 ≡▾，點選
≡ 置中

❺

在頁面上點一下，輸入：
Happy (按 Enter 換行)
Birthday

填充色 → ■
邊框色 → Shift + ⊠

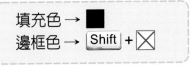

❻

拖曳選取：Happy

❼

點選黃色色票，更改顏色

❽

以同樣的方法，更改
Birthday 的顏色

Birth - ■ (#FF80B2)
day - ■ (#55DDFF)

文字轉成圖片

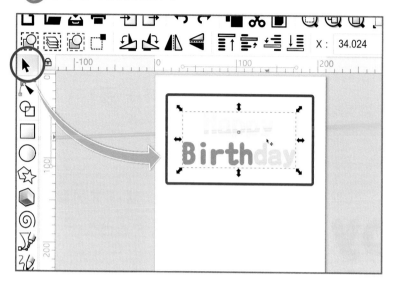

❶

按  ，點選文字

小提示

文字轉成路徑後，會變成圖片，無法再修改內容。可先複製一份文字，放在頁面外備用。

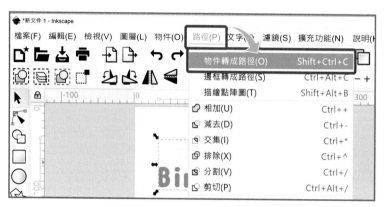

❷

按【路徑 / 物件轉成路徑】

❸

按  【解散群組】，文字會依顏色解散成 3 個區塊

小提示

以此類推，4 個顏色就會分成 4 個區塊…。

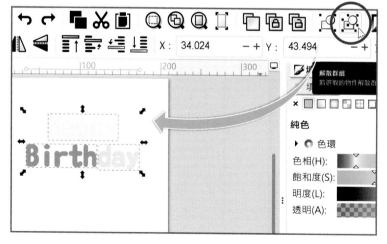

分離文字

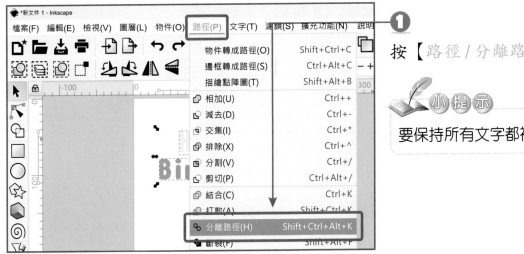

① 按【路徑 / 分離路徑】

小提示

要保持所有文字都被選取。

② 就會依字母分離成一個一個的區塊

小提示

選取所有文字,能看到分離的區塊。

老師說

要更改橫書或直書,可以在控制列點選:

 橫書

直書 (文字列 - 從右到左)

直書 (文字列 - 從左到右)

可按 **T** 開啟文字視窗,來設定文字格式
設定好的格式,也可以【設為預設】。

◎ 加入插圖

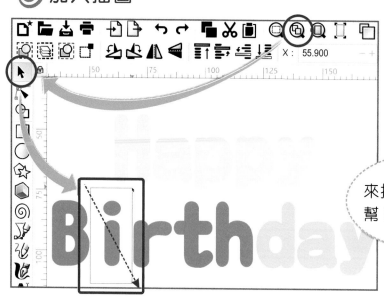

❶

按 🔍，放大顯示字母，
按 ▸，拖曳選取【i】，
按 Delete 刪除

> 來把 i 換成蠟燭、
> 幫 H 戴生日帽！

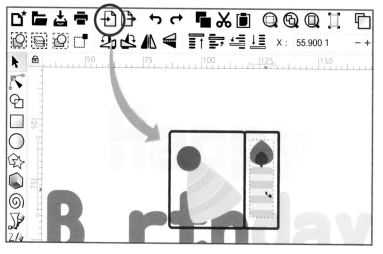

❷

按 ⬇ ── 匯入
【05-生日帽.svg】、
【05-蠟燭.svg】

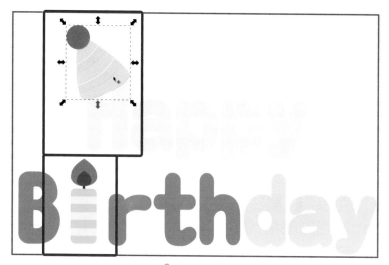

❸

將蠟燭移動到B後方，生
日帽移動到H上方，如圖

 小提示

可視需要，調整圖案的大
小與角度。

加入文字邊框

① 全選並群組所有的圖形，按 Ctrl + D 再製

小提示

用原圖加邊框：

用再製的圖加邊框：

兩者的效果不太一樣喔！

② 按 ↓≣【降低到最下層】

③ 設定再製圖形的邊框色為 80% 灰，寬度為 4mm，最後群組文字與邊框，美術文字完成囉！

5 好用的圖樣填色

在我們的日常生活中，有很多【圖樣】構成的東西，例如：包裝紙、壁紙、被單、衣服...等，應用層面非常廣喔！現在就來學習製作圖樣、讓它變成卡片底圖吧！

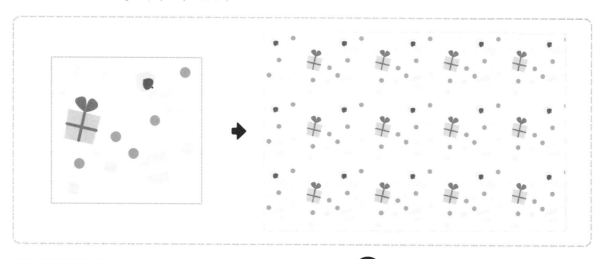

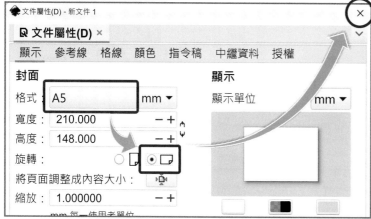

❶

按【檔案 / 文件屬性】設定格式為 A5、橫向 (或210 x 148 mm)

❷

按 🔍 顯示整頁，按 ⬇ 匯入【05-圖樣.svg】

❸

移文字圖片和圖樣到頁面外，如圖示

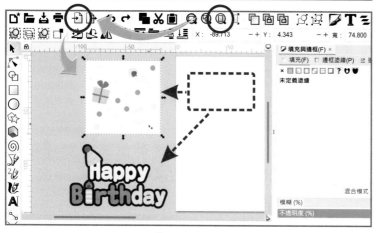

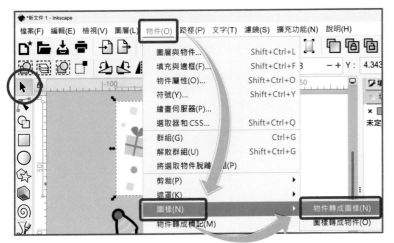

❹

點選圖樣，按【物件 / 圖樣 / 物件轉成圖樣】

> 匯入的圖樣可以是向量圖檔【SVG】，也可以用點陣圖檔，如【PNG】或者【JPG】。

小提示

> 按【物件 / 圖樣 / 圖樣轉成物件】，可將圖樣轉回來編輯修改。

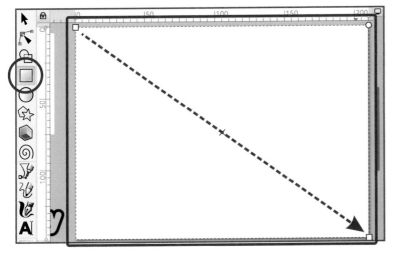

❺

按 ，畫一個和頁面一樣大小的矩形

填充色 → ⊠

邊框色 → Shift + ⊠

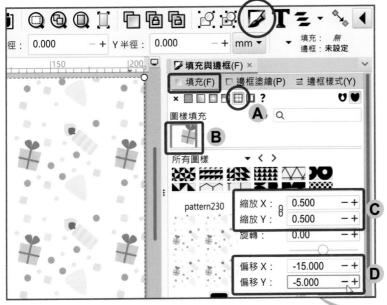

❻

開啟填充與邊框視窗：

Ⓐ 填充點選【圖樣】

Ⓑ 圖樣填充選新增的圖樣

Ⓒ 縮放 X、Y：設【0.5】

Ⓓ 偏移 X：設【-15】
偏移 Y：設【-5】

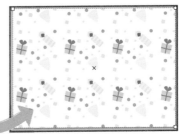

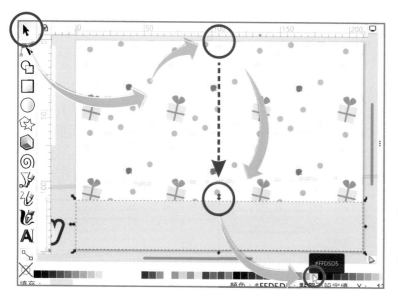

❼

在選取的狀況，按 ，
按 Ctrl + D 再製

❽

向下壓扁再製的圖形，並
填入色彩 (#FFD5D5)

小提示

用長方形做出地面，讓整
體有層次感。

❾

按 ⤵ 一一匯入範例檔，
【05-小貓.svg】、
【05-我的個人公仔.svg】
移動、縮放、排列上下順
序，如圖示

(可匯入自己製作的公仔)

完成啦！記得存檔！

將頁面改為直式、A4，背面稍作裝飾 (要
旋轉)，列印出來，就可做成對折的卡片

繪圖加油站　**動態音樂卡**

完成的卡片，還可以加入音樂和人物動作，做成動態的音樂卡喔！

(在第 8 課學會 Canva 後，再來做動態音樂卡練習吧！)

我 是 高 手　**我的作品集封面**

利用本課學到的技巧，完成作品集封面吧！可以將自己的大頭照去背，再選用【進階練習圖庫】的【公仔身體】，創作個人專屬公仔。

示範參考

 小評量

( ) **1** 想幫照片【去背】，可用哪個功能？

　　1. 分離路徑　　　　2. 剪裁　　　　3. 解散群組

( ) **2** 剪裁形狀範圍內的影像，會被？

　　1. 去除　　　　　2. 消失　　　　3. 保留

( ) **3** 哪一個工具，可以用來畫貝茲曲線？

　　1. 　　　　　2. 　　　　　3.

( ) **4** 哪一個工具，可以用來輸入文字？

　　1. 　　　　　2. A　　　　　3.

 進階練習圖庫　　　公仔身體

本書光碟【進階練習圖庫】中有【公仔身體】，提供給你練習設計個人公仔喔！

6 搶救冰原危機

- 文字編輯與遮罩的應用

統整課程

藝術 國語

核 心 概 念

◎ 能繪製簡單草圖以呈現設計構想

◎ 能認識與使用資訊科技以表達想法

◎ 了解並欣賞科技在藝術創作上的應用

課 程 重 點

◎ 知道海報的設計元素

◎ 練習文字的編輯

◎ 學會遮罩的應用

◎ 能做路徑文字

地球暖化日益嚴重，冰川都融化了。請同學們想一想如何盡自己的一份力量，來改善日漸惡化的環境，拯救可憐的動物們吧！

◎ 製作海報的第一步

海報通常是用來宣導理念和想法的，部份必備的元素一定要放進海報裡喔！一起來看看吧！

小行動 大改變

節能減碳愛地球
一起成為環保小達人吧！

冷氣控溫不外洩　　每週一天不開車

隨手關燈拔插頭　　選車用車助減碳

節能省水更省錢　　多吃蔬食少吃肉

綠色採購看標章　　自備杯筷帕與袋

鐵馬步行兼保健　　惜用資源顧地球

製作人：王小宇

標語
就是海報的標題，要清楚、好記，簡短有力，讓人一目了然

插圖
符合主題，生動、引人注目的插圖或圖像，可凸顯主題。

內文
用簡潔的文字表達訴求，或提出具體的行動呼籲。

製作單位／製作者
例如：石頭國小、王小明 ...。

圖片與文字的編排很重要，要編排有序，讓人容易閱讀和理解喔！

製作海報的標題

海報的標題通常會經過特別的設計，不但要大而醒目，一覽無遺，若能好記又好懂就更棒囉！

1. 原本的文字

搶救冰原危機

2. 經過編排

搶救冰原危機

3. 加上特效

是不是更有十萬火急的感覺呢！

 設定海報的尺寸

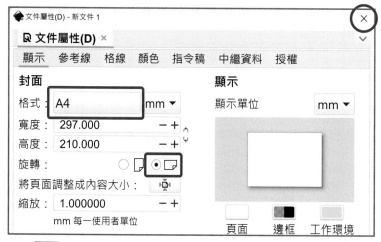

❶

按【檔案 / 文件屬性】
設定格式為 A4、橫向

 **小提示**

一般海報的尺寸大多為 A3 以上。本課以 A4 做示範練習。若想輸出列印會較為方便。

 **老師說**

常用的版面尺寸：
A 尺寸紙張用於印刷書刊、出版品 ... 等。
B 尺寸紙張用於印刷海報、地圖、廣告...等。

單位：mm

A5 148x210	A2		B5 176x250	B2	
	A3 297x420				B3 353x500
A4 210x297			B4 257x364		

我們常使用的文書紙張是 A4，圖畫紙則是 B4

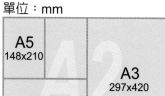

調整文字的間距與位置

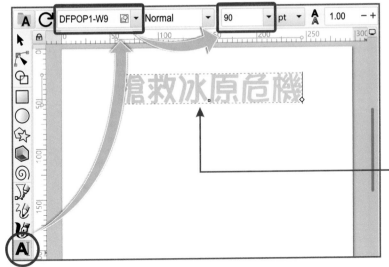

1

按 **A** 【文字工具】

> 字型 - DFPOP1-W9
> 字級 - 90

2

在頁面上點一下，
輸入【搶救冰原危機】

> 待會要將文字加入圖片
> ，不用特別設定顏色。

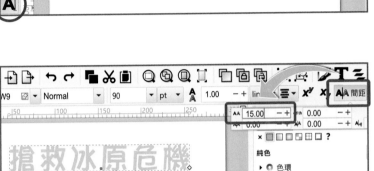

3

按 **A|A 間距** 【字距、單字
間距、字母位置】
字母之間的距離設【15】

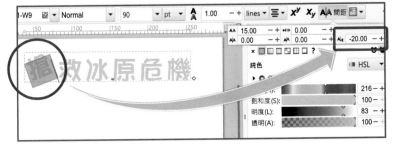

4

拖曳選取搶，字元旋轉
輸入【-20】度
(即逆時針旋轉20度)

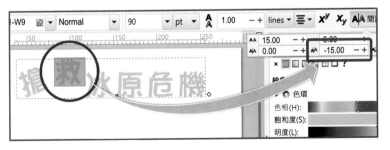

5

拖曳選取救，垂直字母緊
排輸入【-15】px
(即向上移動15px)

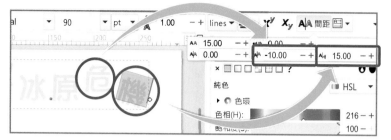

❻

以同樣的方法，完成危、機2個字的設定，如圖示

危：垂直字母緊排：【-10】

機：字元旋轉：【15】

❼

在空白處點一下取消選取，文字編排完成囉！

🎯 在文字中置入冰山圖片

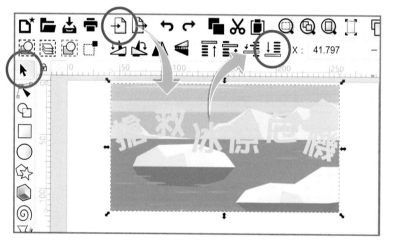

❶

按 🖅 匯入 06-冰山.png

再按 ⬇️【降低到最下層】移動到圖示位置

文字就是裁剪框，會將所在位置的圖片，剪裁到文字裡。

❷

點選文字，按 `Ctrl` + `D`

再製，設定再製文字的邊框為白色，寬度為4mm

❸

按 ⬇️【降低到最下層】

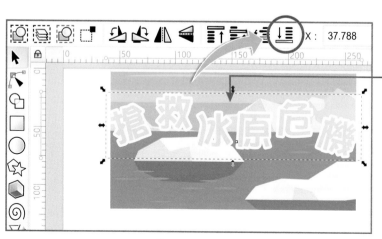

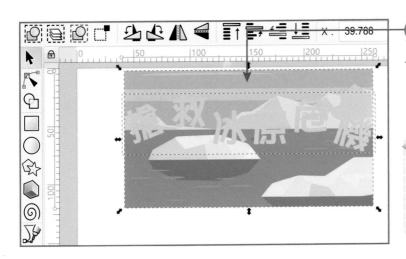

④ 在空白處點一下取消選取
，再複選文字與冰山圖片

小提示

按住 Shift 複選，才不會
選到底下設定了邊框的文
字。

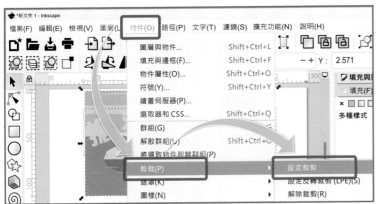

⑤
按【物件／剪裁／設定裁
剪】

小提示

剪裁後的文字，無法加入
邊框和濾鏡效果，因此才
會在步驟 ② 先再製文字。

⑥
圖片就置入文字中囉！

置入到文字中的圖片要有
相關。如：游泳放入爬山
的照片，就圖文不符囉！

加入火焰濾鏡效果

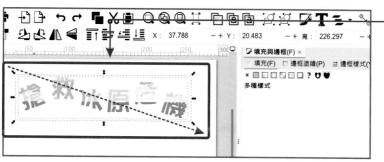

按 ⬆ 拖曳選取圖片文字，與底下的邊框文字

①

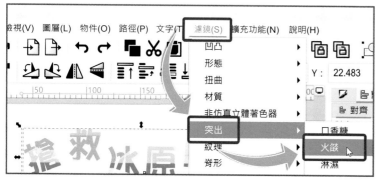

②

按【濾鏡 / 突出 / 火燄】

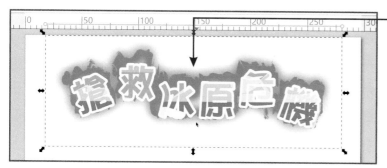

③

將文字群組、移動到圖示位置，別忘了要存檔喔！

沒有加白色邊框，文字會較不清楚。

老師說

海報標題常用的變化：
不同的編排與設計，就會有不同的視覺效果喔！

立體字

世界地球日
美術文字

路徑文字

製作海報插圖

接著用遮罩效果完成海報的插圖。【遮罩】與【剪裁】都可用來自訂想要顯示的圖片區域，但【遮罩】會以漸變透明的方式呈現，這是【剪裁】做不到的喔！

◎ 遮罩的原理

使用白色，
圖片清晰可見

使用黑色，
圖片會完全遮住不見

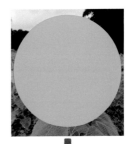

使用彩色，
圖片呈半透明效果

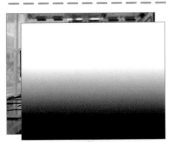

使用黑白漸層，
圖片由白到黑逐漸消失淡化

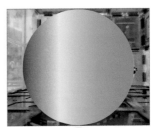

使用彩色漸層，
圖片呈半透明效果

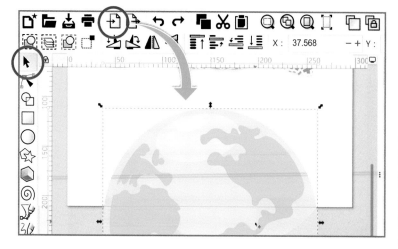

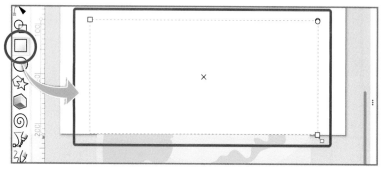

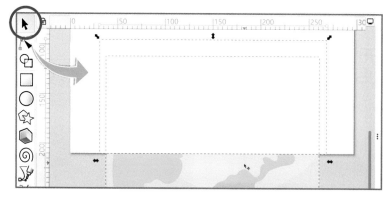

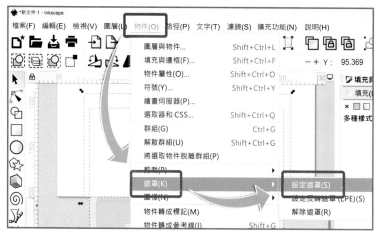

❶

按  匯入
【06-地球.svg】，移動
到頁面下方，如圖示

> 頁面外的地球，會用遮罩
> 隱藏起來。

❷

按 □ ，畫一個矩形，大
小要蓋住頁面內的地球，
將矩形填入白色、無邊框

小提示

白色遮罩框蓋住的範圍會
清楚顯示，其餘部分會被
隱藏。

❸

複選白色矩形和地球圖片

❹

按【物件 / 遮罩 / 設定遮罩】

小提示

按【物件 / 遮罩 / 解除遮罩】
，就可解除遮罩設定。

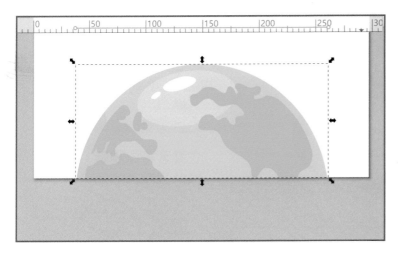

⑤

就會保留想顯示的部分，
頁面外的地球就隱藏了

小提示

也可用剪裁的方式裁剪
圖片。第 5 課有學過。

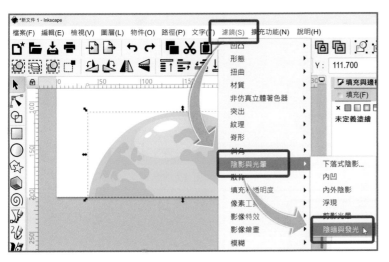

⑥

按【濾鏡 / 陰影與光暈 /
陰暗與發光】

地球就變立體啦！

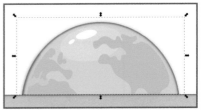

🎯 將企鵝放入游泳圈

❶

按 🔁，一一的匯入
【06-企鵝.svg】
【06-泳圈.svg】

將企鵝移到上層，排列
如圖示

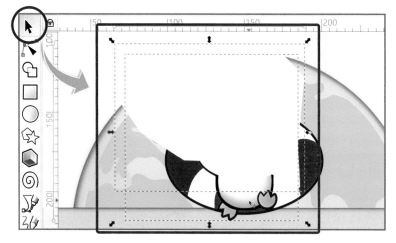

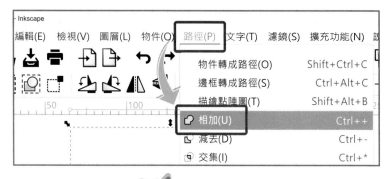

❷

按 ，畫一個大約泳圈內圈大小的橢圓

小提示

企鵝套著泳圈時，會露出綠色框圈選的部分。

也可用【鋼筆工具】直接圈畫出來。

❸

按 【鋼筆工具】將橢圓以外，必須看得見的部分圈出來

❹

按 ，複選橢圓和鋼筆畫的圖，將圖形填入白色、無邊框

❺

按【路徑 / 相加】

小提示

遮罩框只能一個，二個以上就要先合併喔！

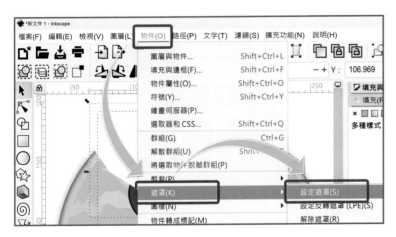

❻

複選小企鵝和白色遮罩框
按【物件 / 遮罩 / 設定遮
罩】

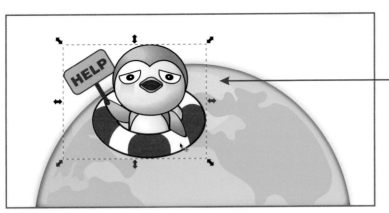

❼

小企鵝就套著泳圈啦！
將圖形群組、縮小、移動
如圖示

◎ 漸層淡化的背景圖

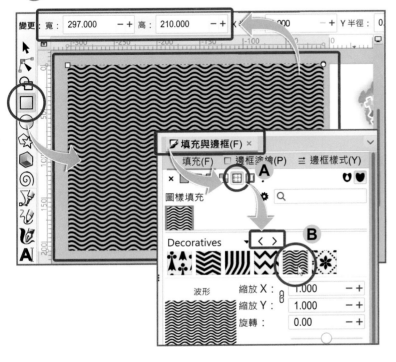

❶

按 ▢ ，在頁面外畫一個
和頁面一樣大小的矩形

❷

開啟填充與邊框視窗：

Ⓐ 填充點選【圖樣】

Ⓑ 圖樣填充按 ⟨ ⟩ 找到並
　點選 〰

❸

顏色按 ■ 點選 ⚲ 【從影像汲取顏色】

❹

用 ⬚ 游標點一下地球的藍色，再按 ⊠ 關閉

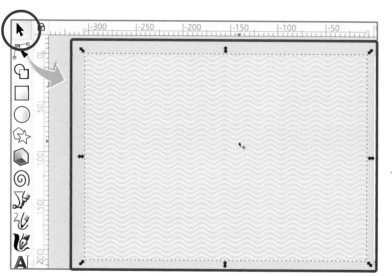

❺

按 ▶ ，點選矩形，按 Ctrl + D 再製

✎ 小提示

現在要用再製的矩形，做一個漸層的遮罩框。

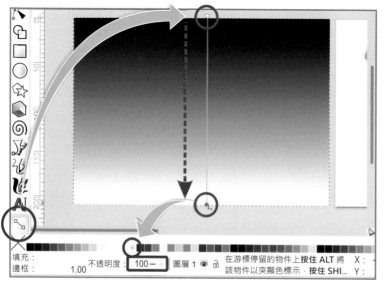

❻

按 ⬚ 【漸層工具】從矩形最上方拖曳到最下方

❼

分別點一下起點和終點，設定漸層色

起點色 - ■
終點色 - □
不透明度 - 皆設【100】

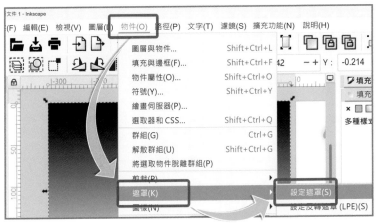

❽

拖曳選取 2 個矩形，按
【物件 / 遮罩 / 設定遮罩】

哇！
圖片會由下而上
慢慢淡化喔！

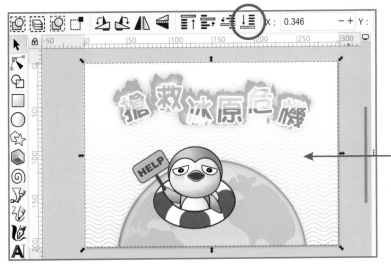

❾

移動設定了遮罩的圖樣背
景到頁面上，並排列到最
下方，如圖示

🎯 遮罩的應用

這些效果都可以用遮罩做出來，
想想看怎麼做喔！

繞著圖形跑的文字

來加入海報的內容囉！練習製作一個路徑文字，並讓內容文字繞著圖片的輪廓跑。

❶

用 🖊 畫一段沿著圖片輪廓的曲線，如圖示

> 可用 📐【節點工具】來調整線條。

❷

按 **A**【文字工具】輸入文字：重視動物的生存危機，節能減碳從自己做起

> 字型 - DFPOP1-W7
> 字級 - 32
> 字距 - 3.5

物件(O) 路徑(P) 文字(T) 濾鏡(S) 擴充功能(N) 說明(H)

文字與字型(T)...   Shift+Ctrl+T

SVG 字型編輯器...

萬國碼字元...(U)

放置在路徑上(P)

從路徑移除(R)

流入框架(F)   Alt+W

設定排除框架(S)

76.783   − +

填充與邊框(F)

填充(F)   □ 邊框

× ▢▢▢▢▢

多種樣式

❸

按 ▸ 複選文字與曲線，按【文字 / 放置在路徑上】

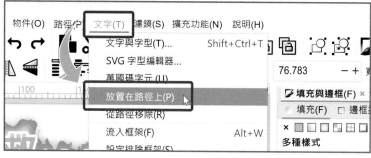

❹

在空白處點一下取消選取後，用 📐 點選曲線，將邊框移除，隱藏起來

編輯邊框...

最近設定的顏色

最近選擇的顏色

反相

白色

黑色

複製顏色

貼上顏色

調換填充和邊框

使邊框不透明

未設定邊框

移除邊框

填充：
邊框：

在游標停留的物件上按住 ALT 將
該物件以突顯色標示．按住 SHI...

X： 206.71
Y： 115.57

模糊 (9)
不透明

圖層 1

> 若線條不夠長，部份文字會被隱藏。可用節點工具拉長線條，來顯示文字。

製作人：王小明

5 最後再加上製作人姓名，就完成囉！記得存檔喔！

接著，來想想看
怎麼做才能
節能減碳喔！

 我是高手　節能減碳愛地球

將環保的觀念落實到日常生活中，我們的環境才會越來越好喔！
想個好點子，完成如下的海報吧！在本書【進階練習圖庫】裡，有
【環保素材】圖案，可以提供你練習使用。

路徑文字↑

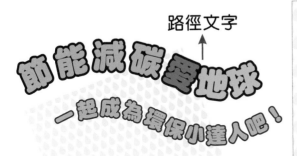

圖樣填色←

小行動
大改變

節能減碳愛地球
一起成為環保小達人吧！

冷氣控溫不外洩	每週一天不開車
隨手關燈拔插頭	選車用車助減碳
節能省水更省錢	多吃蔬食少吃肉
綠色採購看標章	自備杯筷帕與袋
鐵馬步行兼保健	惜用資源顧地球

製作人：王小宇

示範參考

 小評量

( ) **1** 哪一個不是製作海報重要的元素呢?

　　1.標語　　　　　2.內文　　　　　3.特效

( ) **2** 設定圖片遮罩時,想要被看到的部分要用哪個顏色?

　　1.黑色　　　　　2.白色　　　　　3.彩色

( ) **3** 製作圖片遮罩時,遮罩層要放在圖片的哪裡?

　　1.下面　　　　　2.外面　　　　　3.上面

( ) **4** 想要製作路徑文字,要按?

　　　1.路徑/物件轉成路徑　　　2.文字/放置在路徑上

 進階練習圖庫　環保素材

本書光碟【進階練習圖庫】中有【環保素材】圖案,
提供給你練習設計海報喔!

7 高鐵蛇梯棋桌遊

- 路徑圖樣與路徑特效的使用

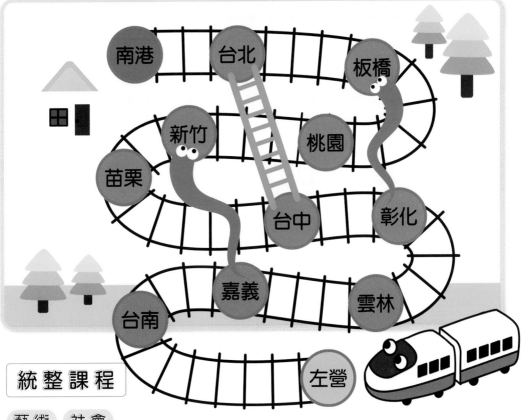

統整課程

藝術　社會

核心概念

◎ 能繪製簡單草圖以呈現設計構想

◎ 能認識與使用資訊科技以表達想法

◎ 能體會動手實作的樂趣，並養成正向的科技態度

課程重點

◎ 能做桌遊規劃

◎ 練習圖層的應用

◎ 學會路徑圖樣

◎ 能做路徑特效

我會設計桌遊

臺灣是個交通便利的島嶼，尤其高鐵的建立，更是縮短了南北往返的時間。這一課我們就以高鐵為主題，製作一款好玩的桌遊，和好友們一起同樂吧！

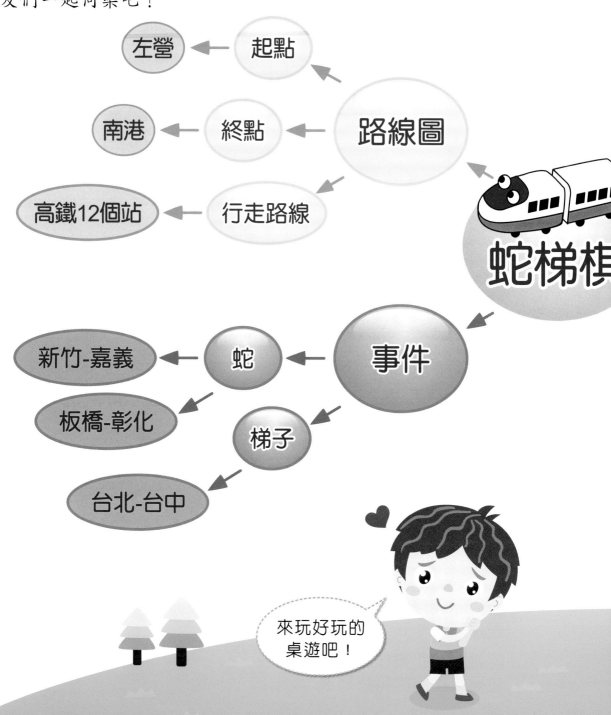

左營 ← 起點

南港 ← 終點 ← 路線圖

高鐵12個站 ← 行走路線

蛇梯棋

新竹-嘉義 ← 蛇 ← 事件

板橋-彰化

台北-台中 ← 梯子

來玩好玩的桌遊吧！

遊戲說明 → 行走路線 → 由左營到南港

遊戲說明 → 事件說明 → 梯子-直達

事件說明 → 蛇頭-下滑

插圖 → 主角 → 高鐵

插圖 → 情境插圖 → 小樹

情境插圖 → 房子

要遵守規則！
不要賴皮喔！

將桌遊的元素，利用心智圖規劃出來，
可幫助思考整個遊戲的邏輯，製作時
也比較有步驟，不易遺漏喔！

2 製作遊戲路線圖

遊戲路線圖是桌遊中最重要的核心元件喔！我們要來設計包含12個高鐵站的路線圖，並標示出起點和終點。

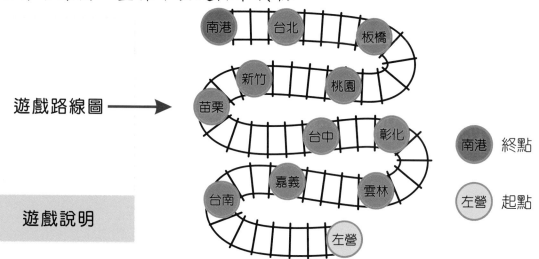

遊戲路線圖 ➡

遊戲說明

🎯 使用參考線界定範圍

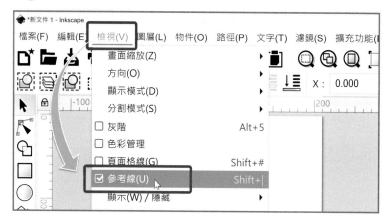

❶

按【檢視】，勾選【參考線】

📖 小提示

若參考線的選項已勾選，就不用再次點選，否則會取消顯示參考線。

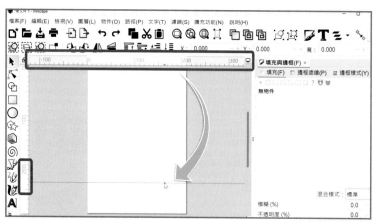

❷

到 X 軸尺規上，按住左鍵向下拖曳到大約 Y 軸尺規 235 的位置

📖 小提示

參考線只是輔助繪圖，並不會被列印出來喔！

畫出行走路線圖

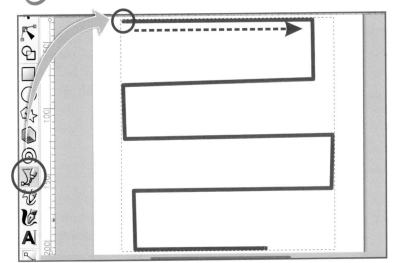

1

按 【鋼筆工具】在參考線以上的區域,畫出如圖示的路線圖

小提示

線條顏色和粗細,只要自己看得清楚就好。最後會再做調整喔!

2

按 【節點工具】,拖曳選取整個路線圖,再按 【使選取的節點自動平滑】

哇!直線變曲線了!

3

分別拖曳控制點,調整曲線的彎度,如圖示

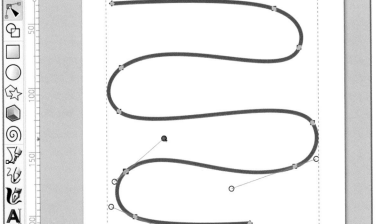

◎ 圖樣沿置路徑

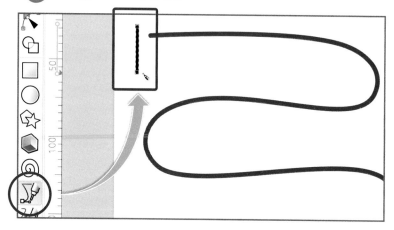

❶

按 【鋼筆工具】畫一條大約30mm長的直線，粗細：2mm，顏色：黑色

> 讓黑色直線沿著曲線路徑跑，做出類似鐵軌的圖案。

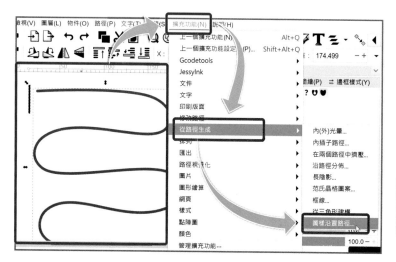

❷

複選路線圖和直線，按【擴充功能 / 從路徑生成 / 圖樣沿置路徑...】

> 注意：製作路徑圖樣時，圖樣要放在路徑上層。

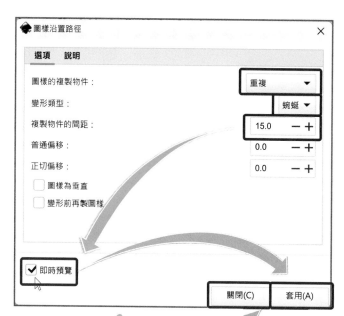

❸

圖樣沿置路徑視窗設定：

圖樣的複製物件：【重複】
變形類型：【蜿蜒】
複製物件的間距：【15】

按【即時預覽】檢視設定後，按【套用】，再按【關閉】

> 複製物件的間距：數值越小，格數會越多喔！

◎ 將邊框轉成路徑

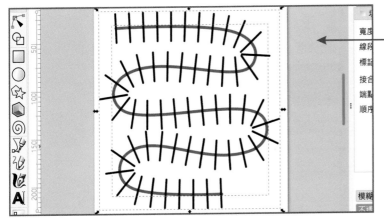

1 在空白處點一下取消選取

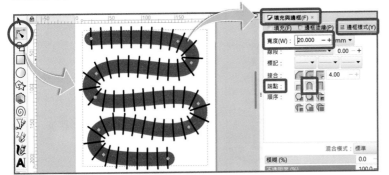

2 用 ✎ 點選曲線(紅色線段)

3 在填充與邊框視窗，點選
【邊框樣式】寬度設為
【20】mm，【端點】點
選 ⌒ (圓端點)

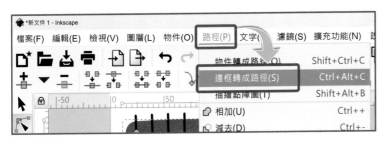

4 按【路徑 / 邊框轉成路徑】

🖋 小提示

邊框轉成路徑後，線條
會變成形狀。

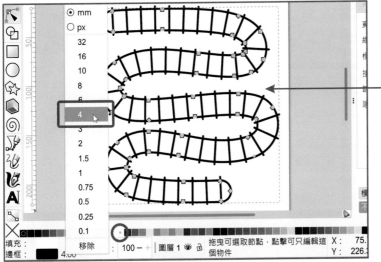

5 設定顏色與邊框粗細，
遊戲路線圖就完成囉！

填充色 - □
邊框色與粗細 - ■、4

◎ 更名、鎖定與新增圖層

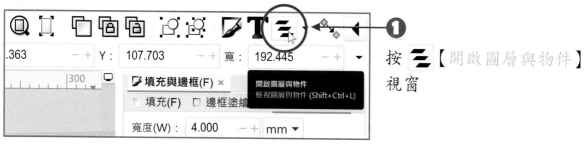

❶

按 ☰【開啟圖層與物件】視窗

❷

點二下圖層1輸入路線圖更改名稱

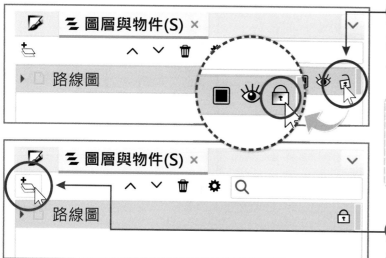

❸

點一下路線圖後方的 🔓，會變 🔒，圖層就鎖定了

> 圖層鎖定後就無法移動、修改。再次點選就能解除鎖定。

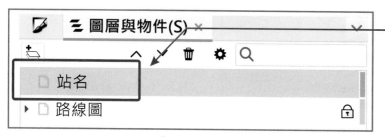

❹

按 ➕ 加入圖層

❺

圖層名稱輸入站名
位置選【目前圖層上面】
按【加入】

❻

新加入的圖層會在上層

> 接著要畫的高鐵站，會在新增的站名圖層。

◎ 加入高鐵站名

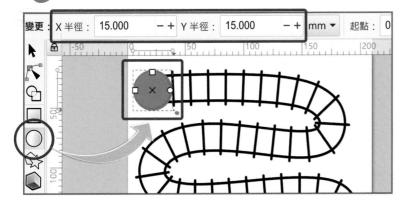

❶

按 ⚪ 畫一個半徑大約 15mm 的圓形

填充色 - ⬛
邊框色與粗細 - ⬛、4

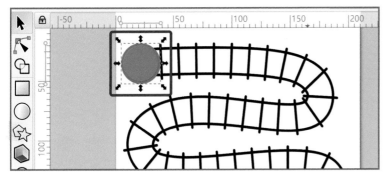

❷

按 Ctrl + D 11次，再製11個圓形

📖 小提示

高鐵站有12個。

07-高鐵站名.txt　　× 　+

檔案　編輯　檢視

南港
台北
板橋
桃園
新竹
苗栗
台中
彰化
雲林
嘉義
台南
左營

❸

開啟老師準備的文字檔案 【07-高鐵站名.txt】拖曳選取所有的車站站名，按 Ctrl + C 複製

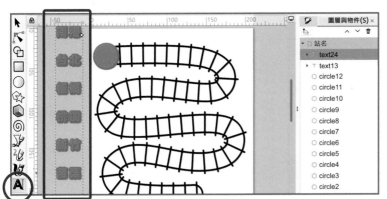

❹

回到 Inkscape，用 **A** 在空白處點一下，按 Ctrl + V 貼上

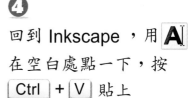

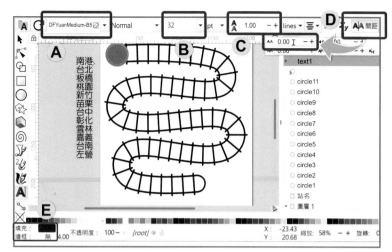

❺

設定文字格式：

A 字型 - DFYuanMedium-B5
　　　　(華康中圓體)

B 字級 - 32

C 行距 - 1

D 字距 - 0

E 填充與邊框 - 黑色、無邊框

❻

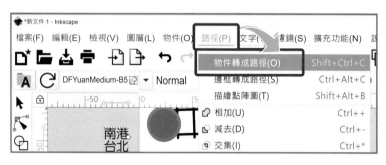

按【路徑 / 物件轉成路徑】

小提示

透過步驟❻~❽可以把文字分離成一個一個區塊，方便製作高鐵站名。

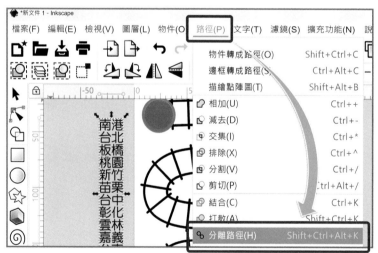

❼

按【路徑 / 分離路徑】

❽

按 【解散群組】，文字就分離成一個一個區塊

在空白處點一下取消選取

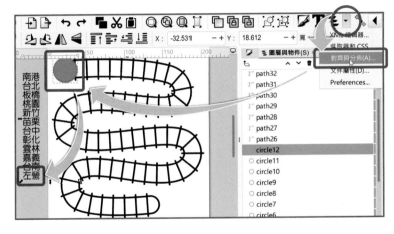

❾

按 ▼ 點選【對齊與分佈】

若狀態列有 ▤，可直接
點選開啟 ▤

❿

按住 [Shift] 複選圓形與左
營文字

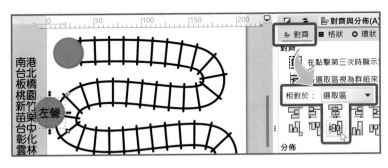

⓫

相對於點選【選取區】，
按 ▦【縱軸置中】對齊
按 ▦【橫軸置中】對齊

對齊		分佈	
▤	對齊左邊	▥	水平均分
▤	對齊右邊	▤	垂直均分
▥	對齊頂邊	▥	水平間格
▥	對齊底邊	▤	垂直間格
▦	縱軸置中	▥	均分左側
▦	橫軸置中	▤	均分頂邊

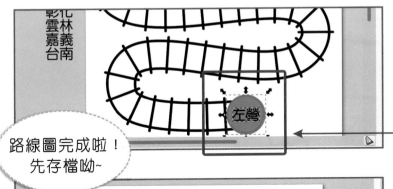

⓬

移動到最下方，如圖示

路線圖完成啦！
先存檔呦~

⓭

以同樣的方法，完成高鐵
站的排列，並更改左營、
南港站的顏色，如圖示

左營 - ▢ (#8DD35F)
南港 - ■ (#FF5555)

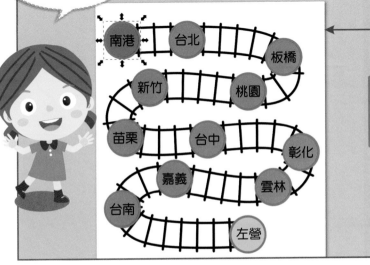

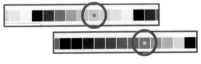

繪製蛇和梯子

蛇和梯子可讓桌遊變得更有變化，更刺激、好玩。除了範例指定的位置外，你也可以自己設計喔！

🎯 繪製蛇元件

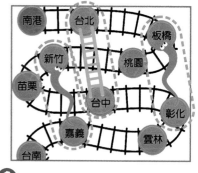

1

按  加入蛇梯圖層

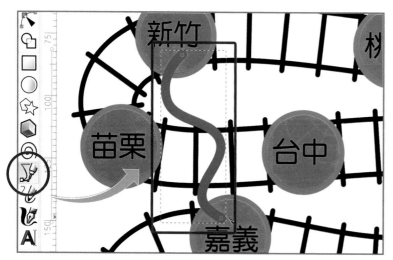

2

用 🖊 畫一條從新竹到嘉義站的曲線，如圖示

填充色 - ☒
邊框色與粗細 - ▨、4

✏️ **小提示**

如果覺得曲線不好畫，可用路線圖的畫法。

3

按【路徑 / 路徑特效】

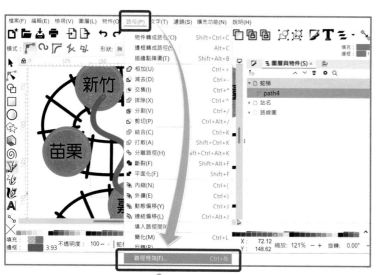

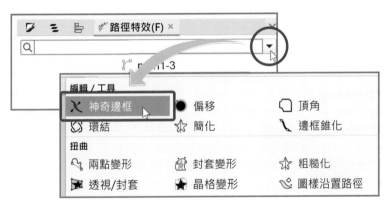

❹

按路徑特效的下拉選單，
點選【神奇邊框】

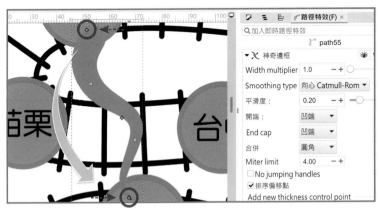

❺

用 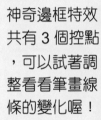 向左拖曳蛇頭的◆
控點，變寬線條；再向右
拖曳蛇尾的◆控點，變細
線條

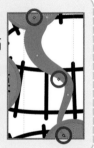

神奇邊框特效
共有 3 個控點
，可以試著調
整看看筆畫線
條的變化喔！

❻

用 加入眼睛如圖示

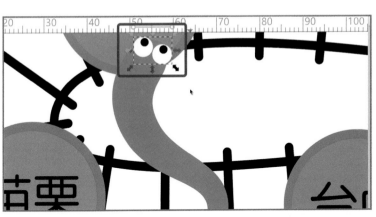

❼

再製、水平翻轉、縮放、
移動蛇元件到板橋和彰化
站中間，如圖示

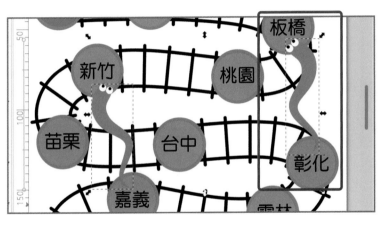

◎ 繪製梯子元件

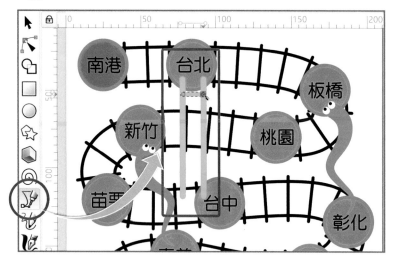

1

用 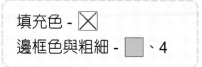，在台北到台中站中間畫2條直線，1條橫線

> 填充色 - ☒
>
> 邊框色與粗細 - ▢ 、4

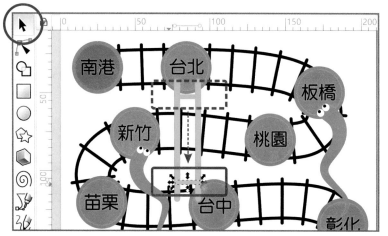

2

用 ▶ 點選橫線，
按 Ctrl + D 7次，再製
7條橫線

3

移動最上面的橫線到下方
，如圖示

4

拖曳選取所有的橫線，在
對齊與分佈視窗，按 ▤
【等距分佈各物件中心的
垂直間隔】

5

將梯子群組，調整位置與
角度，如圖示

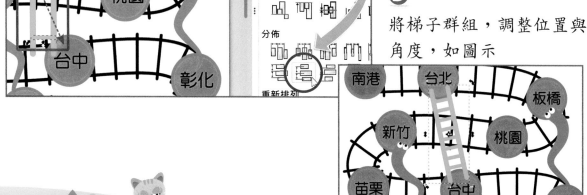

④ 加入遊戲規則說明

遊戲規則說明要簡潔明瞭，可增加圖例或顏色區分來輔助說明。

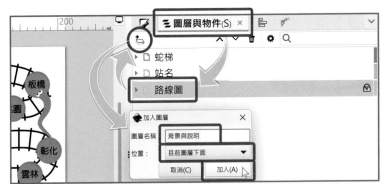

❶

在圖層與物件視窗，點選路線圖，按 加入圖層

> 圖層名稱 - 背景與說明
> 位置 - 目前圖層下面

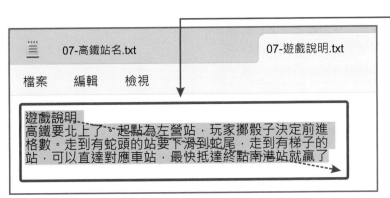

❷

開啟老師準備的文字檔案【07-遊戲說明.txt】拖曳選取所有的文字後，再按 Ctrl + C

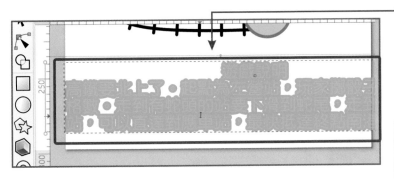

❸

回到 Inkscape，用 🅰 在參考線下方點一下，按 Ctrl + V 貼上

> 填充色 - ■
> 邊框色與粗細 - ⊠

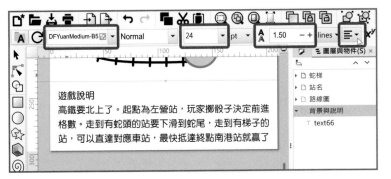

❹

設定文字格式：

字型 - DFYuanMedium-B5
字級 - 24
行距 - 1.5
文字對齊 - ▤ 齊左

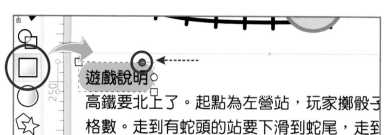

❺
用 ☐ 畫一個圓角矩形，
按 ↓▤ 排列到文字下方

❻
按 🖊 【滴管工具】，點
一下站名的橘色，將矩形
填入相同的顏色

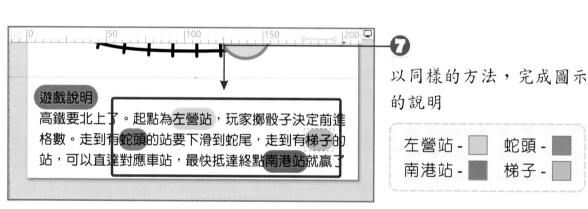

❼
以同樣的方法，完成圖示
的說明

左營站 - ☐　蛇頭 - ☐
南港站 - ☐　梯子 - ☐

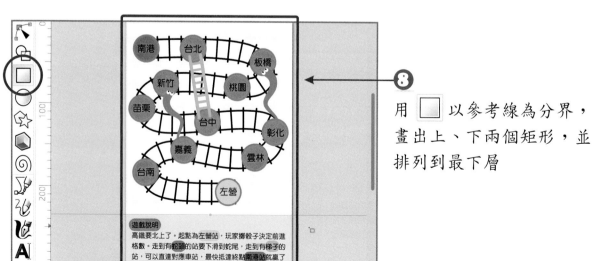

❽
用 ☐ 以參考線為分界，
畫出上、下兩個矩形，並
排列到最下層

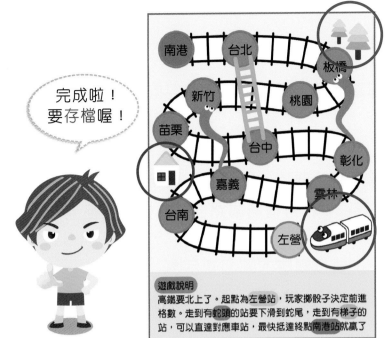

完成啦！
要存檔喔！

⑨ 按 ⊡ ，一一匯入

【07-小樹.svg】

【07-火車.svg】

【07-房子.svg】

複製、縮放、移動圖片，
排列如圖示

遊戲說明
高鐵要北上了。起點為左營站，玩家擲骰子決定前進格數。走到有蛇頭的站要下滑到蛇尾，走到有梯子的站，可以直達對應車站，最快抵達終點南港站就贏了

我是高手 　**大富翁桌遊**

開啟老師指定的檔案，利用本課學到的技巧，完成大富翁遊戲吧！
選一個喜歡的動物角色，加工一下就可以開始玩囉！
在【進階練習圖庫】中，有【桌遊元件】圖案，可供你使用喔！

貼　貼

貼　貼

貼　貼

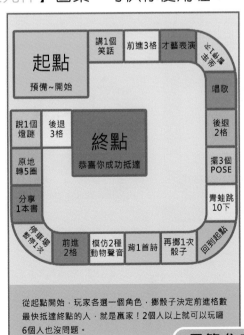

示範參考

 小評量

( ) ① 要做圖樣沿置路徑時，圖樣要放在路徑的哪裡？

　　　1. 上層　　　　　　2. 下層　　　　　　3. 皆可

( ) ② 想將線條變成形狀，要按【路徑】，再點選什麼？

　　　1. 物件轉成路徑　　2. 邊框轉成路徑　　3. 分離路徑

( ) ③ 想要鎖定圖層，要按圖層的哪個圖示？

　　　1. 　　　　　2. 　　　　　3.

( ) ④ 想汲取圖片的顏色，要按哪個工具？

　　　1. 　　　　　2. 　　　　　3.

進階練習圖庫　　桌遊元件

本書光碟【進階練習圖庫】中有【桌遊元件】，提供給你練習設計桌遊遊戲喔！

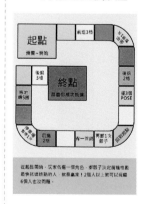

8 Canva 作品大集合

- 我的電子繪圖筆記

統整課程

藝術　綜合

核心概念

◎ 能認識與使用資訊科技以表達想法

◎ 具備運用科技規劃與執行計畫的基本概念，並能應用於日常生活

◎ 能利用資訊科技分享學習資源與心得

課程重點

◎ 練習使用 Canva 範本

◎ 學會用 AI 產生影像

◎ 能做動態簡報

◎ 學會下載與分享作品

線上多媒體設計平台 - Canva

近年來,透過瀏覽器就能直接線上操作的服務平台越來越多,例如:線上的教育平台、設計工具平台...。其中【Canva】就是一個非常好用的設計平台喔!

◎ 什麼是【Canva】

Canva 是一個操作簡單,功能強大的線上多媒體設計平台,用它可以製作卡片、電子相簿、海報、影片、簡報...,只要有一台能上網的電腦、一組帳號,不需安裝軟體,就能輕鬆玩設計與分享作品!

這麼棒的平台,是不是要付費啊?

有超多動、靜態的範本和素材可讓你取用喔!

老師說

【Canva】也有桌面版可以下載安裝到電腦,但使用時,還是需要上網的。所以本課範例還是以線上版為示範喔!

Canva 可以用來做什麼

各式動、靜態卡片

AI 繪圖

宣傳海報

照片拼貼

簡報、作品集

用 Google 帳號登入

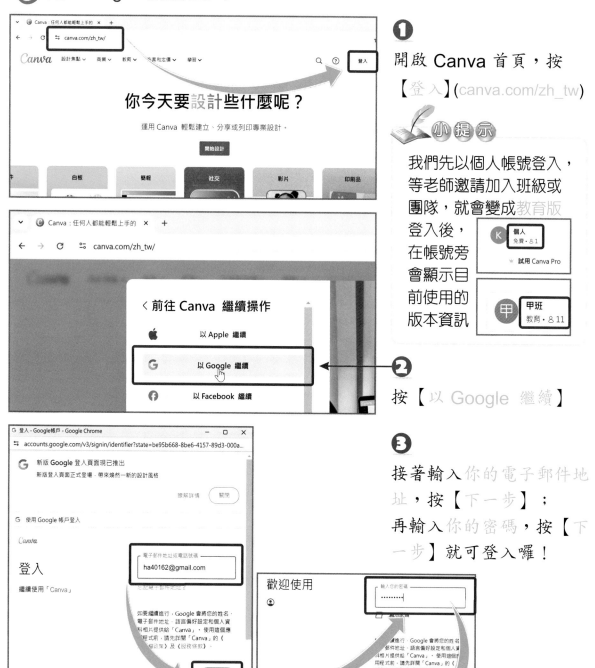

❶
開啟 Canva 首頁，按
【登入】(canva.com/zh_tw)

小提示

我們先以個人帳號登入，
等老師邀請加入班級或
團隊，就會變成教育版
登入後，
在帳號旁
會顯示目
前使用的
版本資訊

個人
免費・8 1
★ 試用 Canva Pro

甲班
教育・8 11

❷
按【以 Google 繼續】

❸
接著輸入你的電子郵件地
址，按【下一步】；
再輸入你的密碼，按【下
一步】就可登入囉！

Canva 平台有免費版、付費專業版與教育版三種。可先申請一個私人的免費
帳號，讓老師邀請進入班級 (團隊) 中，變成教育版，就能享有與付費專業版
一樣的完整功能。關於申請帳號與加入班級或團隊請參考學習影片喔！

認識操作介面

登入 Canva 後,首先會顯示首頁頁面,我們先來認識一下它的操作介面吧!(記得重新整理一下網頁,顯示最正確的畫面喔!)

首頁介面

1 功能表列 顯示 / 隱藏主選單、表列所有的範本 (設計焦點、商業、教育)、及學習資源

2 帳號與設定 帳號設定與登出、建立設計、通知、設定、下載應用程式

3 主選單 顯示帳號所在的班級 (團隊),帳號切換、回首頁、魔法工作室、專案管理、應用程式,垃圾桶內的資料.....等

4 範本區 可選擇、搜尋各式各樣的範本,也可以自訂、或由程式為你推薦範本

魔法工作室提供了一系列的 AI 智能工具,例如:AI 生成:動畫、真實場景圖片、虛擬圖片、音樂、影片...等,還有 AI 去背景、自動調整相片品質...等功能,可幫助你快速地完成各種專業級的設計。

範本介面

接著以常用到的【照片拼貼】範本為例，認識開啟範本後的操作介面吧！在首頁的範本區按 ●●● 【顯示更多】，再點選【照片拼貼】(也可以用搜尋的方式找到此範本)。

1 常駐工具列

開啟選單 (建立設計、回首頁、最近的設計)、檔案 (建立新設計、匯入檔案、設定、儲存、下載)調整尺寸與魔法開關切換、復原、重做...等

2 素材選項

各種製作專案的素材選項，有元素、上傳、文字、音訊...等

3 搜尋欄

可輸入關鍵字搜尋範本或元素

4 素材庫

對應所點選的素材選項來顯示素材，與最近使用的項目，或顯示搜尋的結果

哇！Canva
不但操作介面簡單
資源更是豐富！

5 分享與下載

分享、下載，或將作品
傳送給老師...等

6 工具列

對應選取的素材，出現
不同的工具列。例如：
點選圖片會有編輯影像
、裁切、翻轉、動畫...
等

7 編輯區

編輯與設計專案的工作
區，也可在此新增、複
製頁面...等

8 顯示比例

可縮放畫面、全螢幕顯
示，或以頁面縮圖顯示
，亦可加入備註說明

Canva 是線上即時操作的平台，介面功能會經常變動、更新，介面顯示的按
鈕配置，也可能因你的螢幕視窗寬度不同，而與書上有些微的差異。若發現
些許不同時，請耐心尋找一下，相信也可以輕易完成練習。

2 建立我的專案

這一課要用 Canva 完成自己的作品集，可加入自己的心得或學會的操作技巧，或記錄學習重點，當作這學期的電腦繪圖筆記喔！

◎ 我的專案規劃

在製作前，先大致規劃一下製作的內容。本課的規劃是以 1-7 課的成果各一頁，加上頁首、頁尾共 9 頁。

頁首

內容1-7頁

頁尾

老師說

要上傳到 Canva 的繪圖作品，可以在 Inkscape 先匯出成 JPEG 或 PNG 檔，若有要個別匯出的插圖，可選擇能存成透明背景的 PNG 格式，製作時就不用再另外處理，會較為簡便喔！

◎ 選擇範本並套用頁面

1

在 Canva 首頁按【簡報】，點選【簡報 (4:3)】

✎ 小提示

除了影片或音樂外，每種範本的製作方式都大同小異。學會了本課的練習，也可試試其他範本。

2

點選喜歡的範本

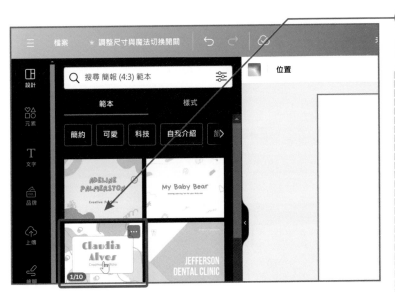

按右上角的 ⋯ 點選標記星號，就可收藏範本

點選專案 / 已標記星號，就可找到收藏的範本

3

點一下【套用全部 10 個頁面】

範本或素材上的圖示：

🎓：教育版使用者，可免費使用

👑：需付費才能使用

修改文字內容與加入效果

①

點二下標題文字，輸入：

我的作品真美麗

> 或者開啓老師指定的檔案
> 【08-作品集文字內容.txt】
> 用複製、貼上的方式，來
> 輸入文字。

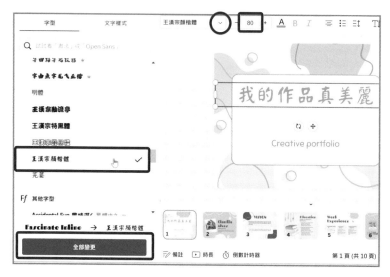

②

點選更改字型為王漢宗顏
楷體，按【全部變更】，
大小設80

> 按【全部變更】後，頁
> 面上所有相同的字型，
> 都會替換成所選的字型。
>
>

③

按【效果】點選【陰影】
，再按住文字框的 ✛ 向
下移動標題到適合位置

> 按 ↻ 可以旋轉文字。

④

更改副標題的文字並設定
如下：

內容：一起來欣賞吧！
字型：王漢宗顏楷體
大小：36

🎯 搜尋與加入圖片

❶

點選【元素】，在搜尋欄輸入太陽後，按 Enter 搜尋物件，再按【查看全部】

❷

拖曳捲軸找到並點選喜歡的圖案

❸

到圖片右下角的 ○ 控點向左上拖曳，縮小圖片

選取圖片或文字，按右鍵點選【鎖定】，可將選取物鎖定。不會移動到喔！

❹

在圖片上按住左鍵，拖曳移動圖片到左上角，如圖示位置

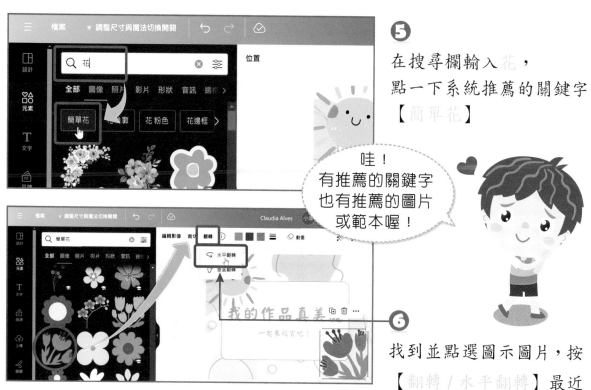

⑤

在搜尋欄輸入 花，
點一下系統推薦的關鍵字
【簡單花】

哇！
有推薦的關鍵字
也有推薦的圖片
或範本喔！

⑥

找到並點選圖示圖片，按
【翻轉 / 水平翻轉】最近
移至圖示位置，美麗的頁
首就完成啦！

◎ 儲存專案

①

按【檔案 / 儲存】手動儲
存檔案在雲端喔！

 老師說

儲存在指定的位置：

A 按【檔案/儲存到資料夾】

B 點選指定的資料夾 (或建
立新資料夾)

C 按【儲存】。

3 製作作品集內容

來把這學期完成的作品，都上傳到 Canva 製作作品集吧！

◎ 修改檔名與開啟專案

❶

到 Canva 登入帳號後，按【專案】

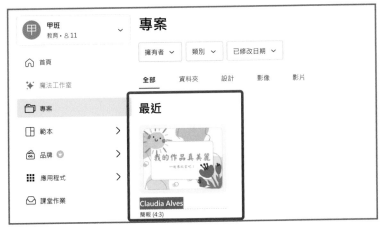

❷

在最近下方，就可看到儲存的檔案，點一下檔名，輸入自己的作品名稱，例如【01王小華的作品集】

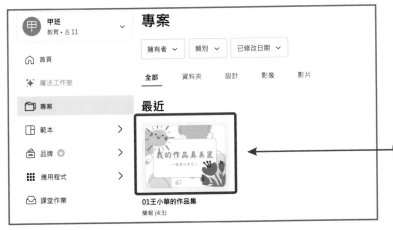

❸

點一下縮圖就會開啟專案

上傳自己的圖片

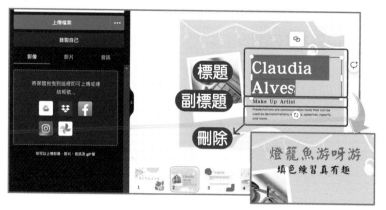

❶

點一下第2頁，更改標題與副標題文字，移動到頁面上方，如圖示

字型：王漢宗顏楷體
大小：64、42

點選多餘的文字框，按 Delete 刪除

❷

按【上傳】，
再按【上傳檔案】

> 你也可以上傳自己的作品來編輯。

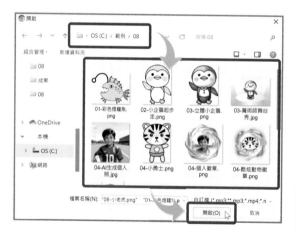

❸

開啟老師指定的資料夾，按快速鍵 Ctrl + A 全選
按【開啟】

> Canva 提供的儲存上限是100G，上傳的圖片、音樂、影片...等，不可超過這個限制喔！

❹

上傳完成後，向下拖曳捲軸，找到並點選燈籠魚，縮小、移動到圖示位置

◎ AI 影像產生器

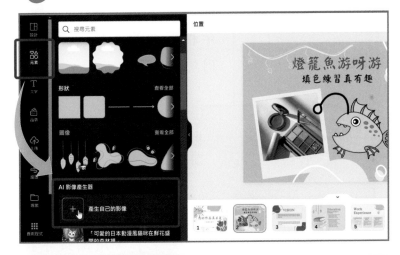

❶

按【元素】點選 AI 影像產生器下方的【產生自己的影像】

點選圖片，按右鍵點選圖層，可由選單點選安排圖片的上下

❷

在描述欄位輸入文字，如：卡通風格的海底世界

❸

樣式點選【水彩】
按【產生影像】

❹

點一下喜歡的縮圖，就插入 AI 圖片囉！

若不滿意，可以按【再產生一次】重新生成。

 老師說

Canva 提供的素材雖可自由使用，但絕不可宣稱為自己創作，或進行販賣...等侵權行為。希望大家都可　尊重智慧財產權喔！

⑤

按住 AI 圖片，拖曳到圖示相框裡面，取代原相框內的照片

> 相框的搜尋關鍵字：邊框可搜尋點選增加到頁面。

🎯 加入文字框

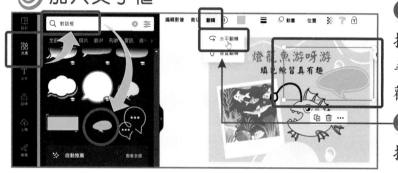

①

按【元素】，用關鍵字搜尋對話框，找到並點選喜歡的樣式

②

按【翻轉 / 水平翻轉】

> 若你選的對話框是指向燈籠魚的，可省略此步驟。

③

按【文字】，
再按【新增文字方塊】

④

輸入文字並設定格式，移動到對話框上

內容：還可以用手繪線條
　　　自由塗鴉
字型：王漢宗顏楷體
大小：28

拖曳兩側的控點，調整文字框的長度與對話框的大小，如圖示

接著，花點時間和耐心，繼續完成其他頁面。利用複製、貼上的技巧，將標題、副標題、對話框與文字，複製到 3~8 頁，再修改內容如下：

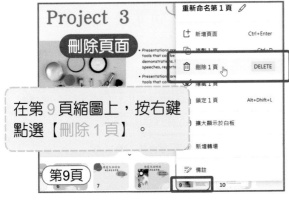

加入過場特效

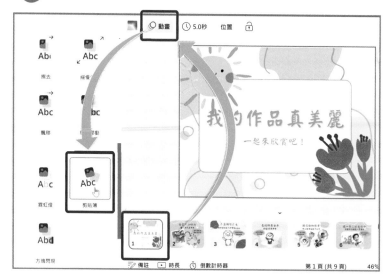

❶

點一下第1頁縮圖，按【動畫】，點選【剪貼簿】或你喜歡的動畫效果

小提示

游標移到動畫效果的縮圖上，在編輯區會自動顯示效果。

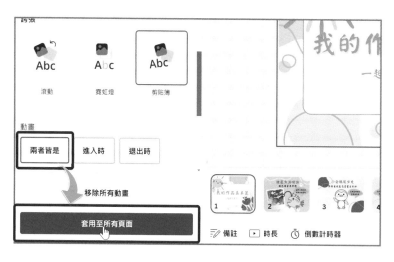

❷

點選【兩者皆是】，再按【套用至所有頁面】

小提示

你也可以一頁一頁設定不同的動畫效果，也可分別設定進入和退出頁面的動畫效果。

❸

按【時長】再按 ▶ 播放，可預覽整份簡報

按 ⏸ 可暫停預覽。若想調整動畫效果的快慢，按頁面，到工具列 🕐 5.0秒 輸入數值，調整時間。

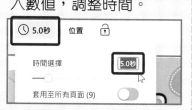

4 下載與分享我的作品

快來練習怎麼和大家一起分享你的作品喔！

1

按【分享】，按【下載】

按【傳送給教師】→
點選老師的帳號→輸入
你想說的話→按【傳送】
就可以交作業囉！

2

檔案類型點選【MP4影片】

3

按【下載】，下載完成後
，開啟儲存資料夾，就可
看到下載的檔案了

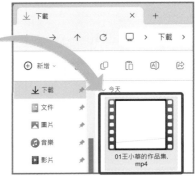

下載的作品，可用 E-mail 寄出
或發佈到各種社交平台，
分享給大家欣賞喔！

繪圖加油站 我會做動畫與動態音樂卡

◎ 使用 Canva 還可以將靜態的圖，做成動態的 GIF 動畫。

◎ 也可將完成的卡片，加入音樂和人物動作，做成動態的音樂卡。

Happy birthday to you

以上兩種功能要如何操作，請參考學習影片喔！

我是高手 感謝卡

利用本課學到的技巧，做一張感謝卡，謝謝辛苦教學的老師吧！除了在 Canva 中搜尋外，本書光碟【進階練習圖庫】中，有【卡片插圖】提供你上傳練習使用。

在首頁搜尋感謝卡

點選喜歡的範本

Pink Modern Thank You A4 Document

按自訂此範本

頁1

Thank You

按+新增頁面，可新增一頁

+ 新增頁面

頁2

親愛的老師
謝謝您教我們
學會用Inkscape畫圖；
還教我們用Canva做作品集，
您辛苦了！
王小華敬上

示範參考

元素 / 圖像搜尋關鍵字：
頁1：謝謝插圖
頁2：彩旗、黑板、老師

( )**1** 在學校環境中，想要使用 Canva 教育版，需要誰來邀請？

1.同學　　　　　　2.家長　　　　　　3.老師

( )**2** 想使用 AI 生成圖片要按哪一個標籤頁面？

1. 設計　　　　　2. T 文字　　　　　3. 元素

( )**3** 想要插入自己上傳的圖片，要按哪個標籤頁面？

1. 元素　　　　　2. 上傳　　　　　3. 專案

( )**4** 想要下載在 Canva 完成的作品，要按？

1. ↑ 分享　　　　2. ▷ 展示簡報　　　　3.皆可

 進階練習圖庫　　卡片插圖

本書光碟【進階練習圖庫】中有【卡片插圖】，提供給你練習設計卡片喔！

Inkscape 向量繪圖

圖書編號：SA48
ISBN：978-626-95017-7-9

作　　者： 小石頭編輯群・謝芊宇編著
發 行 人： 吳如璧
出 版 者： 小石頭文化有限公司
　　　　　 Stone Culture Company
地　　址： 臺北市內湖區康寧路三段22-1號2樓
電　　話： (02) 2630-6172
傳　　真： (02) 2634-0166
E - mail： stone.book@msa.hinet.net
郵政帳戶： 小石頭文化有限公司
帳　　號： 19708977

定價 320 元 • 2024 年 04 月　初版

致力於環保，本書原料和生產，均採對環境友好的方式：
・日本進口無氯製程的生態紙張
・Soy Ink 黃豆生質油墨
・環保無毒的水性上光

PRINTED WITH SOY INK / ECO-PULP エコパルプ

國家圖書館出版品預行編目(CIP)資料

Inkscape 向量繪圖

小石頭編輯群・謝芊宇編著

初版 - 臺北市：小石頭文化，2024.04
面；　公分

ISBN 978-626-95017-7-9 (平裝)

1. CST：電腦教育　　2.CST：電腦繪圖
3. CST：電腦軟體　　4.CST：中小學教育

523.38　　　　　　　　　113004759

書局總經銷：
聯合發行股份有限公司
電話：(02) 2917-8022

學校發行：
校園文化事業有限公司
電話：(02) 2659-8855

零售郵購：
服務專線：(02) 2630-6172